.12-13 = La Nation définit les vies "recevables". Les intégrées et les exclues du droit.
14-15 = L'étranger, c'est d'abord le colo
18-19 = L'étranger est une frontière in … la dé-
finition de la nation, le fantasme
22 = Une clôture de la langue altérise l'é
"manque de nation".
24 = Les récits des subalternes ne sont audi … le
pouvoir. Ils st tjs à la fois assujettis et al …).
3 = L'étranger est scindé entre l'ostracisme public et une sp …

DEDANS, DEHORS

Du même auteur

AUX ÉDITIONS DU SEUIL

Vies ordinaires, vies précaires
« La Couleur des idées », 2007

CHEZ D'AUTRES ÉDITEURS

La Vie humaine
Anthropologie et biologie chez Georges Canguilhem
PUF, « Pratiques théoriques », 2002

Sans domicile fixe
Éd. du Passant, « Récifs », 2004

Les Maladies de l'homme normal
Éd. du Passant, « Poches de résistance », 2004
Vrin, « Matière étrangère », 2007

L'Esprit des sciences humaines
Vrin, « Problèmes et controverses », 2005

La Pensée Foucault
Ellipses, 2006

Canguilhem et les normes
PUF, « Philosophies », 2008

L'Invisibilité sociale
PUF, « Pratiques théoriques », 2009

Canguilhem et la vie humaine
PUF, « Quadrige », 2010

GUILLAUME LE BLANC

DEDANS, DEHORS

La condition d'étranger

ÉDITIONS DU SEUIL
*25, bd Romain-Rolland, Paris XIVe*

Ce livre est publié dans la collection
« La Couleur des idées »

ISBN 978-2-02-102884-3

www.seuil.com

À Judith Butler

« Ne pas dire seulement : seize millions d'émigrants sont passés en trente ans par Ellis Island mais tenter de se représenter ce que furent ces seize millions d'histoires individuelles. »

Georges Perec, *Récits d'Ellis Island*

INTRODUCTION

Il faudrait faire une anthologie des vies *infâmes*. Peut-être trouverions-nous au détour de quelque page, ramassées en quelques mots, des existences déclarées honteuses car elles ne répondent pas aux standards des nations. Il faudrait ensuite pouvoir laisser la parole à toutes les voix étrangères et se contenter d'apposer en regard la mention « France », « Angleterre », « Allemagne », « Italie », etc. Alors peut-être serions-nous en mesure de comprendre qu'une vie ne naît pas étrangère mais le devient dès lors qu'une nation délivre aux migrants une fin de non-recevoir. L'étranger n'est-ce pas, en effet, celle ou celui qui se trouve acculé à ne pas pouvoir être, au sens plein du terme, une vie, précisément parce que sa vie n'est pas reconnue comme une vraie vie, pleinement vivable et susceptible de se développer dans un cadre national neutre ? Il faudrait pouvoir s'effacer comme sujet national et laisser parler les voix *autres* pour sentir combien les vies sont précaires quand elles sont sans attaches (absence de pays d'origine, absence de pays d'accueil). Peut-être alors serions-nous en mesure d'être les contemporains de toutes les vies désignées comme étrangères, de celle, par exemple, de Racine Trouré, arrivé du Sénégal en 2000, cuisinier au noir en France, tentant de devenir invisible afin de ne pas être pris, avec sa femme et ses trois enfants : « Ce n'est pas facile de vivre dans ce pays sans papiers. On dit sans papiers mais c'est sans vie aussi. Ma vie ce n'est que ça : boulot-maison, maison-boulot. Déjà de venir au boulot c'est risqué. Il ne faut pas chercher d'ennuis. Moi quand je ne travaille pas, je préfère rester à la maison, je me mets devant la télé, je suis tranquille avec ma famille près de moi[1]. » Des vies si précaires qu'elles semblent devenir fantomatiques, visibles par intermittence pour mieux se soustraire à tous les contrôles.

Peut-on vivre ainsi, d'une vie à côté de la vie ? Et pourquoi les pays d'accueil refusent-ils de se penser avec l'autre ? Ces deux questions sont liées car il semble que la précarité des uns soit engendrée par la « tentation du mur[2] » forgée par les autres, soucieux de protéger leur quant-à-soi irréductible vecteur d'identité : « La notion d'identité a longtemps servi de muraille : faire le compte de ce qui est à soi, le distinguer de ce qui tient de l'autre, qu'on érige alors en menace illisible, empreinte de barbarie[3]. » L'Autre ce peut être l'Arabe, le Noir mais aussi bien l'Homosexuel, le Chômeur, toutes celles et tous ceux qui ne sont pas inscrits dans les cadres d'habilitation des identités et qui se voient ainsi expulsés dans le Hors-Champ[4]. Sortir des cadres, c'est être défait comme sujet recevable, c'est devenir quelqu'un

1. *Cette France-là – 06 05 2007 / 30 06 2008*, Paris, La Découverte, 2009, p. 84.

2. Édouard Glissant et Patrick Chamoiseau, *Quand les murs tombent. L'identité nationale hors-la-loi ?*, Paris, Galaade éditions, 2007, p. 7. Lire également Wendy Brown, *Murs. Les murs de séparation et le déclin de la souveraineté étatique*, trad. de l'anglais par Nicolas Vieillescazes, Paris, Les Prairies ordinaires, 2009.

3. *Ibid.*, p. 8.

4. Sylvie Germain, *Hors champ*, Paris, Albin Michel, 2009.

d'*inadmissible*, dont la voix est en cours d'effacement, soupçonnée d'être une voix de faussaire. L'étranger est alors un tout-le-monde qui a cessé de l'être faute d'être conforme aux normes de la nation.

Au commencement de ce livre, il y a des vies arrêtées qui peinent à se ranimer, qui attendent le dégel juridique, qui bataillent pour des papiers qui feraient d'elles enfin des sujets nationaux, ou qui espèrent que la mer s'ouvre pour pouvoir passer en Angleterre. Que signifie ne pas être d'ici ? Une vie peut-elle être seulement une vie migrante ? Existe-t-il un bon usage du nom « étranger » ? Il faut faire revenir les voix, les corps disqualifiés, la « jungle » démantelée de Calais, qui doit son nom à on ne sait qui, où la référence à la loi n'a plus cours, nœud autoroutier, bout de forêt ou fin de terre, baraques de fortune, mélange de tôle, de béton et de bois, zone vague, précaire. Quelle est cette vie aux bords de la frontière qui est sans cesse acculée à la limite, sans pouvoir la franchir ? Et qui sommes-nous pour construire ainsi l'*autre* comme cet étranger qui n'a rien à nous dire, à nous apprendre, moins vivant que nous ne le sommes ? Ce livre voudrait répondre à ces questions, s'attacher à saisir l'altération de l'autre comme étranger afin de faire comprendre combien l'idée même d'un monde commun doit être soumise au regard critique. Car toutes les vies n'habitent pas le même monde. Les unes sont perçues comme des vies nationales tandis que les autres sont reléguées hors du champ de perception autorisé, excessives et contredisant les attentes de la nation. Les unes sont attachées à des droits tandis que les autres n'en ont guère. La nation divise sans vergogne « ses » sujets en sujets nationaux et en *autres*.

Nous voulons croire au noble étranger qui assume au grand jour l'énigme lumineuse de l'exil, qui habite le monde à la manière d'un héros solitaire porté par sa seule force, détaché de son ancienne terre et refusant de s'attacher à la terre nouvelle pour mieux préserver sa liberté, son pouvoir d'être ailleurs. L'exilé apparaît dès lors comme la haute figure de l'étranger : il n'appartient plus aux formes de la vie nationale d'autrefois, mais il refuse d'appartenir également aux formes hégémoniques de la nouvelle nation, expérimentant une nouvelle figure de la subjectivité promise au rang de modèle. En vertu de ce schéma forcément sublime, être étranger relève d'une décision éthique que seul l'*ethos* de l'étranger peut révéler par des actes de nulle part, absolument non inféodés. Mais cette décision éthique, que peut-elle face à la désignation politique qui fait l'étranger en le renvoyant à la frontière, en l'empêchant d'être quelqu'un d'autre qu'un migrant perpétuel ? Nous voulons croire, bien entendu, à la puissance inentamée de l'étranger capable, quand il endosse les habits du visiteur, de briser la structure de réception qu'un pays déploie pour accueillir ou endiguer les étrangers. Les Espagnols n'ont-ils pas été de ceux-là, craints tout autant qu'attendus par les Indiens d'Amérique centrale ? La structure coloniale ne repose-t-elle pas, elle-même, sur la violence par laquelle l'étranger colonisateur mutile les vies nationales en les soumettant à sa hiérarchie « raciale » ? Et que dire, dans un tout autre contexte, du tourisme sexuel par lequel la puissance capitalistique des uns dispose de la misère des autres, accroissant les sujétions ethniques par des sujétions de genre ? D'un côté le noble exilé qui convertit la vie étrangère en manière d'être éthique et invente sa propre gloire en apprenant à se déprendre de toutes les illusions nationales. De l'autre côté le visiteur arrogant, sûr de son pouvoir, annulant grâce à sa puissance propre, coloniale ou capitalistique, l'existence du sujet national, défait et soumis à l'étranger maléfique. Certes, être exilé n'est pas rien : il y a dans l'exil un arrachement imposé à soi-même, qui signale que le soi est partiellement non assignable à la loi de nation – une vie est toujours par quelque aspect à côté de la nation. Certes, tout visiteur n'est pas ce sujet arrogant qui impose son ordre aux autres : il est possible d'être un visiteur précaire, attentif à ne pas altérer les espaces visités. Cependant, il semble qu'exilé et visiteur, deux modalités de l'étranger, nous ramènent à l'idée qu'étranger est un mode d'être avant d'être une désignation, une manière de vivre qui dépend de soi seul plutôt que la conséquence d'une altération produite par des jugements de dénigrement. Formuler ainsi la possibilité de l'étranger revient à affirmer l'existence d'un site originaire indompté que l'exilé et le visiteur activeraient à leur façon.

Pourtant, *étranger* est tout autant l'appréciation produite par une désignation dans un contexte particulier. *Étranger* devient alors un jugement arrimé à l'autre pôle du sujet national. Le sens de cette relation bipolaire étranger / national n'est pas déterminé par avance : tantôt l'étranger est le conquérant légitime ou arrogant, tantôt le vaincu malheureux. Que se passe-t-il quand l'étranger devient le vainqueur ? De quelle aura culturelle participe-t-il ? De quelle structure hégémonique est-il le relais ? Pourquoi est-il dès lors, le plus souvent, de genre masculin ? Ces questions impliquent une critique de la raison coloniale, esquissée ici ; car le colonisateur, en important l'ordre de sa nation dans le pays qu'il colonise, transforme le sujet colonisé en étranger à son propre pays et crée les conditions d'une histoire de la vie étrangère interminable dans la mesure où, dans un contexte postcolonial de plus en plus étudié, le colonisé est poussé par la misère à devenir un migrant qui tente sa chance dans l'ancien pays colonisateur, devenant un être de nulle part, un paria.

Je voudrais surtout apporter quelques réponses aux questions suivantes, qui ont à voir avec l'assujettissement de l'étranger, sa précarisation. Que se passe-t-il quand l'étranger devient le vaincu, quand il n'est plus qu'un subalterne ne comptant pour rien ? À quelle forme culturelle demeure-t-il relié ? Comment peut-il contester les formes de vie hégémoniques qui l'ostracisent ? Comment se redistribuent les relations de genre à l'intérieur des modes de vie étrangers ? Plus généralement, quel sens y a-t-il à porter le nom d'étranger ? Ces questions se situent au cœur du propos de ce livre.

Lorsqu'une vie est désignée négativement comme vie étrangère (cas qui nous intéressera presque exclusivement), il faut analyser de façon critique les procédures de cette désignation qui éloignent des vies hors des cercles légitimés. Il faut donc considérer l'étranger comme le pôle déprécié des jugements nationaux, revers de l'autre pôle apprécié du sujet national. Car être étranger, c'est souvent incarner le pôle récalcitrant aux yeux des jugements nationaux, même s'il peut arriver que le sujet national, en devenant un sujet colonial ou un sujet conquérant, en vienne à penser le pôle de l'étranger comme un pôle hautement productif et positif.

Pour percevoir une vie comme autre, plusieurs conditions doivent ainsi être remplies. Tout d'abord, il est nécessaire de disposer d'un ensemble homogène de perceptions standard qui construisent et étayent la familiarité du monde national. Il va sans dire que cette cohérence perceptive ne peut exister qu'à la condition qu'elle s'enracine dans un dispositif cohérent, scène d'intelligibilité propre à une nation. La nation existe en effet comme cette scène d'intelligibilité primordiale qui dirige les faisceaux de perception vers les éléments les plus familiers, pour ainsi dire mobilier de la nation. *A contrario*, elle éloigne les éléments perçus comme étranges, insolites, *queer*.

Ensuite, il est nécessaire de disposer d'une structure de témoignage particulièrement vigoureuse. Pour pouvoir percevoir la *vie autre* de l'étranger, des sujets sont requis, pleinement assurés d'être des sujets nationaux, qui s'autorisent (sont autorisés) à instituer la visibilité de la vie étrangère. L'étranger en soi n'existe pas sans une structure active de témoignage qui vient *attester* de la nature de l'expérience vécue par l'étranger, en se portant garante de ce qui est vu et entendu (mais aussi le cas échéant en mobilisant le toucher et l'odorat). Au croisement de ces deux conditions, une question s'impose : comment pouvons-nous nous autoriser à être de tels témoins ? Qui nous institue comme témoins légitimes, habilités pour témoigner et reconstruire le monde de l'étranger ? Pourquoi l'étranger n'est-il pas lui-même autorisé à être le témoin de la vie étrangère ? À quelle contre-narration est-il enchaîné pour se voir dénier le droit d'entrer dans l'espace des narrations officielles ?

D'un côté, nous ne pouvons trouver aucun étranger, et partant aucune altérité de la vie étrangère, sans témoins qui attestent de la vie réelle de femmes, d'hommes et d'enfants devenus différents en vertu de la singularité de l'exil. D'un autre côté, les structures de témoignage internes à la vie étrangère sont disqualifiées ou ignorées, si inaudibles que les étrangers en ressortent potentiellement invisibles. Car un témoin ne saurait se découvrir par lui-même témoin dans le monde tant il est toujours institué comme tel sur une scène nationale qui l'adoube et l'habilite dans sa fonction. Celle ou celui qui est au monde n'est absolument pas garanti de pouvoir dire le monde dans lequel elle ou il se trouve. Comment pouvons-nous, dès lors, agrandir la scène des témoignages et envisager une critique des cadres nationaux qui habilitent certaines vies et refusent d'en habiliter d'autres ? Ce livre voudrait contribuer à ce geste en révélant d'autres voix qui disent des pratiques d'accueil et de non-violence. De nouvelles voix s'élèvent, souvent portées par des associations au sein desquelles des témoins d'un autre type exercent un droit de regard critique sur les différentes lois de *cadrage* engendrées par la nation. Les membres de la Cimade disent ce qui se passe dans les centres de rétention. Les militants de Réseau sans frontières témoignent de la précarité des conditions de vie des étrangers persécutés dans leur pays au point de n'avoir aucuns papiers et qui ont fui dans *notre* pays. Les acteurs de la Gisti construisent des montages juridiques en rapport avec des situations de vie particulièrement précaires. Les bénévoles à Sangatte, qui distribuent des vêtements, des repas chauds, du café, les vies anonymes qui hébergent des sans-papiers ne cherchent pas à altériser les vies étrangères en les rendant plus différentes encore. Ils s'efforcent de montrer combien la différence est un effet de la précarisation juridique, sociale, nationale, de la vie étrangère. Une vie devient étrangère parce qu'elle est instituée dans une différence qui ne vient pas d'elle et qui la produit comme vie précaire, moins vivable que les autres.

L'étranger tend alors à n'exister qu'à la frontière. Se vivre ainsi, c'est se vivre séparé de la vie commune. En se vivant à la frontière, un étranger en vient à être lui-même *une* frontière, élément inassimilable au groupe national, mais ce faisant, condition d'existence, à titre d'élément distinctif, de ce groupe. Ainsi les étrangers non *assimilés* sont-ils voués aux marges, ils ne peuvent qu'y demeurer, mais les frontières qu'ils incorporent et qui les séparent sont autant de conditions de possibilité de l'existence de la nation comme groupe soudé. Les étrangers confèrent une unité au groupe national, ces sujets non étrangers, ayants droit à la nation. C'est pourquoi il est essentiel à la nation que l'étranger ne soit pas purement et simplement exclu, un être du seul dehors, car alors c'en serait fait de la fonction nationale de la frontière : pour que la nation ait un *dedans*, encore faut-il qu'elle ne se contente pas de renvoyer *dehors* tous ceux qui n'appartiennent pas à ce *dedans* supposé de la nation ; encore faut-il que des vies surgissent à la frontière, ni *dedans* ni *dehors*, à la fois *dedans* et *dehors*. Ainsi peut prendre sens le fantasme d'une intériorité nationale, noyau dur d'une identité nationale dont l'affirmation suppose l'identification de l'étranger comme ennemi potentiel.

Si nous pouvions contribuer à faire émerger de nouveaux sens du nom d'« étranger », qui prennent en compte des formes de vie subalternes et des expériences vitales de la précarité, au terme de ce travail critique l'étranger pourrait devenir autre chose qu'une malédiction sociale, et notre regard se faire ouverture raisonnée à *nos* étrangers qui sont comme notre peuple intérieur.

Mouvement inverse à celui d'Agamben, si l'on admet qu'il a repris, via Derrida, le couple introject°/incorporation. De la subjectivité à l'échelle politique.

CHAPITRE I

Désigné étranger

Le nom d'étranger

L'étranger est d'abord un nom avant d'être quelqu'un. Un nom qui désigne un genre, le genre des vies qui ne sont pas situables ou ne peuvent être totalement délimitées dans l'espace de la nation. Ainsi, au lieu que se laisse voir un visage singulier, au lieu que surgisse un corps enveloppé dans une histoire, c'est d'abord une forme vide qui s'affirme, signifiant impur qui neutralise par avance toutes les expériences, les décontenançant, ne les retenant que comme défaut, manque. L'étranger est le nom du manquement, de ce qui ne parvient pas à surgir pour imposer un monde. Là où de l'étranger advient, des partages sont toujours déjà à l'œuvre, entre un dedans et un dehors, un ici et un ailleurs, la loi du même et les voix de l'autre. Il n'est pas certain que l'on puisse aisément déborder le nom « étranger », le défaire ou le contrer pour faire surgir ce qui vit sous l'étiquette, ce qui reste caché comme un texte maudit. Car l'étranger n'est pas seulement celle ou celui qui se voit imposer le nom d'étranger comme unique statut social, il est également celle ou celui dont les expériences sont sans cesse retraduites sous ce nom, et ne peuvent être dites qu'à la condition de passer par ce nom. Est alors défaite toute idée d'une expérience primitive, immédiate de l'étrangeté au détriment d'une désignation injurieuse qui modifie les contours de l'expérience. « Étranger » est par conséquent davantage qu'une désignation globale résumant une qualité du vécu. L'appellation engendre inévitablement une identité négative faite corps, elle crée le genre de vie des sujets qui manquent de nation. D'aussi loin que l'étranger se manifeste, son nom le précède, et avec lui un ordre des discours qui partage le dedans et le dehors, intensifie la loi du genre national en signalant celles et ceux qui sont à la marge : manquer de nation, c'est d'abord avoir été désigné étranger. N'importe qui peut devenir ce sujet acculé à l'ailleurs, cet être altérisé, cette vie rendue différente à force d'être vouée aux différends ; il suffit d'avoir été rendu étranger par les marqueurs du genre national, d'avoir été relégué à la périphérie par la désignation. Par là se dramatise l'expérience d'étranger sous le nom d'étranger ; une rupture est consommée entre « nous » et « eux », qui « nous » empêche de « nous » penser comme « eux ». Les « autres » sont inventés comme sujets maudits, relevant de généalogies douteuses, de filiations dissonantes. L'étranger est ce vivant que « je » ne suis pas, un être dont l'existence se laisse résumer par la devise suivante : « N'est pas d'ici. » L'énoncé « n'être pas d'ici » atteste d'abord de la foi de l'énonciateur dans sa propre langue. Il atteste de la capacité de l'énonciateur à assumer sa langue comme langue officielle de la nation en discréditant et en marginalisant les autres. *N'est pas d'ici* circonscrit la langue du sujet parlant qui, en parlant, délimite une résidence. Clôturer sa langue est le premier enjeu de la désignation d'une vie comme étrangère. *Il n'est pas d'ici* s'entend alors comme une adresse négative, *Tu n'es pas d'ici*, un refus de confir-

E.T.H.

mer l'autre dans son existence en le reléguant à la périphérie des espaces sociaux consacrés et en le contenant dans une injonction à se maintenir à l'écart. *Tu n'es pas d'ici* signifie que *tu ne peux pas participer à notre cité* ; l'existence étrangère est reconduite à un procès en légitimité qui lui interdit, du fait de la désignation, toute possibilité d'attachement à la cité.

Si la violence linguistique expulse l'étranger hors de la résidence linguistique nationale, il faut se demander d'où provient un tel désir. Pourquoi émerge-t-il ? Comment en vient-il à loger l'autre dans le nom étranger ? Les frontières linguistiques ne peuvent-elles être garanties que par des actes de langage injurieux ? Si, d'un côté, il existe une intelligibilité discursive pour fixer le site des citoyens nationaux, d'un autre côté, cette intelligibilité est contestée à ses frontières par les récits des étrangers qui font advenir d'autres formes verbales, « je suis Myriam, je suis iranienne », des histoires enveloppées dans des noms, des noms propres qu'aucune désignation ne peut totalement annuler, Saïd, Yekaterina, Otto, Xiaoli, Kadialy, etc.[1]. Il faut noter que ces noms, ces histoires ne surgissent pas d'eux-mêmes, ils sont pour ainsi dire happés par les relations de pouvoir qui leur confèrent une lumière particulière en insérant des vies ordinaires extrêmement précarisées dans les rets de la politique de maîtrise des flux migratoires, en les soumettant à une épreuve en légitimité juridique qui les expose à toute une série de démarches en vue d'une hypothétique régularisation, et se solde très souvent par des arrêtés de reconduite à

1. Les différents noms sont tirés des récits de vie du livre *Cette France-là*, *op. cit.* Nous nous appuierons à plusieurs reprises sur les témoignages et analyses qui y figurent.

la frontière, des mesures d'éloignement. Les vies des femmes et des hommes ordinaires ne sont pourvoyeuses de noms, de mots et d'histoires audibles qu'à partir du moment où du pouvoir s'abat sur elles et s'emploie à les délégitimer, à les vouer au ban. Cela ne signifie pas qu'être étranger, c'est être privé de mots (chaque vie est un peuple de mots), mais révèle que les mots étrangers ne sont pas traduits, retenus dans la langue nationale. Ils peuvent être les mots des autres langues que les oreilles de la nation ne retiennent pas, ils peuvent être également les mots de « notre » langue prononcés par d'autres corps : dans les deux cas, c'est l'absence d'oreilles qui referme une langue sur ses seules performances admises et condamne la vie étrangère à l'absence de récit, à un effacement que seule vient perturber la relation de pouvoir qui s'en empare et qui produit des récits à la fois assujettis et alternatifs. C'est dans l'enceinte du tribunal que les étrangers convoqués devant le juge des libertés et de la détention, sous menace d'expulsion, délivrent, pour contrer le représentant de la préfecture, un récit alternatif destiné à contrer l'injure linguistique et juridique de l'étranger reconductible aux frontières, faisant surgir des expériences opaques (travail au noir, petits délits, changements d'identité) arrimées à d'autres expériences sinistres (pauvreté, viol, torture, etc.)[1]. Ainsi la volonté de fixer le site linguistique de la nation est-elle d'emblée menacée par l'irruption de récits alternatifs déployés dans l'enceinte même des sites linguistiques officiels. Pas de vie de la nation sans une vie linguistique mais pas de vie linguistique de la nation sans des

1. Lire sur ce point le récit de Marie Cosnay, *Entre chagrin et néant. Audiences d'étrangers devant le juge des libertés et de la détention, mai-septembre 2008*, Paris, L. Teper, 2009.

usages linguistiques contestataires dans la langue et hors de la langue qui déstabilisent le site national au moment où de tels usages sont situés, pour ainsi dire, à la frontière, rendus quasiment inaudibles.

Il n'échappe à personne que le nom d'étranger est en rapport avec d'autres noms et qu'ils forment ensemble une chaîne linguistique qui n'est pas seulement l'envers des réseaux de significations familiers mais qui fait frontière : étranger / barbare / voyou… Dans le cercle précaire des noms, apparaissent d'autres noms : visiteur / résident / immigré / émigré / clandestin / réfugié / sans-papiers… qui ne se contentent pas de faire advenir du réel mais le résument par avance pour refuser l'éventuelle discordance de ce qui ne se laisse pas régler : la variété des expériences récalcitrantes. La nation se constitue dans un plasma graphique (codes juridiques, textes politiques, etc.) mais elle prend forme également dans des désignations qui crédibilisent l'idée de national et discréditent ce qui lui échappe. Le nom d'étranger est dès lors ce par quoi une nation se constitue dans la langue. C'est pourquoi chercher à défaire le nom, à le miner par des usages linguistiques marginaux, déviants, c'est forcément vouloir défaire la nation. Cette opération est-elle possible ? Peut-on desceller le signifiant « étranger » et contribuer à déstabiliser l'identité nationale ? C'est ce qu'il nous faudra justement examiner. Encore cet examen ne peut-il avoir lieu que dans le cadre linguistique déjà formé d'une nation, ce qui en limite d'emblée la portée et interdit tout rêve d'une pensée en extériorité par rapport à la nation, propulsée tel le baron de Münchhausen dans les airs, dans l'espace transfrontalier de la non-langue, de la non-nation.

Il reste que les frontières linguistiques ne sont pas plus étanches que les autres. Des mots font irruption sur un sol linguistique, intrus qui s'agrègent aux mots admissibles de la langue nationale, vivent dans la vie des autres mots, se disséminent dans des circuits langagiers innombrables, sans que les polices des discours puissent les expulser. Cet excès de la langue sabir sur la langue nationale atteste d'une vie dans la langue qui ne se réduit pas à la délimitation que la langue opère sur elle-même : la vie dans la langue procède d'une création renouvelée de la langue par l'intrusion. Celle-ci déverrouille la langue, fait reculer les postes-frontières que toute langue, inévitablement, met en place par le contrôle constant de ses chaînes linguistiques autorisées.

Non seulement une langue est habitée par d'autres langues qu'elle s'efforce de contenir, de situer à l'extérieur, mais encore les noms par lesquels la langue construit sa frontière linguistique, qui sont les noms d'étrangers, sont ceux-là mêmes sous lesquels passent les intrus linguistiques. Ces derniers ne sont pas seulement des mots venus d'ailleurs mais des mots d'étrangers, c'est-à-dire des mots identifiés au nom d'étranger. De ce fait, une langue est vouée à rendre ces noms incompréhensibles pour mieux s'en protéger.

Le nom d'étranger produit des différences assimilées à des régimes d'altérité en établissant des caractéristiques qui ont valeur de définition (l'Asiatique rusé...). Mais l'altérité est d'abord le fait du nom qui altère l'autre en le désignant comme étranger. La désignation crée la différence qu'elle est censée constater chez l'autre.

Toutes les vies ne relèvent donc pas d'une même condition humaine : elles sont humanisées ou déshumanisées en fonction de marqueurs, de signes qui tantôt les identifient en les accueillant sous la loi du genre national, tantôt les différencient en les situant à la lisière du genre national par des dénominations injurieuses qui construisent les corps étrangers comme des corps marginaux, insolites, surnuméraires. Être désigné étranger, c'est alors se trouver enveloppé dans la nuit des différences qui est d'abord un exil que la langue nationale produit, auquel elle ne veut pas consentir, une perte qu'elle veut laisser à l'état de perte. L'étranger tend ainsi à être l'autre d'un étalon majoritaire, d'un « groupe maître » identifié au « groupe des Uns »[1]. Ici se laisse appréhender l'oppression que les étrangers subissent en étant construits comme groupe des autres. Certes, tous les étrangers ne sont pas opprimés, car ils s'étagent pour ainsi dire le long des courbes nationales de l'altérisation. Ils désignent d'abord le groupe des autres non présents sur le territoire national, ceux qui appartiennent à d'autres nations. Le jugement « tu n'es pas d'ici » peut s'énoncer sous une forme réversible, « je ne suis pas de là-bas ». L'étranger est alors moins le voisin que « je » ne veux pas voir ou entendre que la femme ou l'homme venant d'ailleurs avec lequel « je » n'ai pas *a priori* à voir. S'agit-il vraiment d'un étranger ? Si ce dernier n'existe pas en soi, si nulle part nous ne trouvons une qualité réelle qui renverrait à un vécu de l'étranger, alors l'étranger n'existe vraiment que lorsqu'il est plié à la loi de la nomination et que sa vie est ainsi arrachée à ses conditions subjectives et sociales. La vie étrangère est bien arrachement lorsqu'elle fait irruption dans le « chez-soi » national sous la forme minoritaire d'un déplacement non prémédité, mais l'oppression surgit quand cet arrachement à son propre pays est marqué du stigmate de la désignation. L'exil du réfugié, l'immigration de l'émigré n'acquièrent donc leur consistance sémantique que lorsque le nom d'étranger peut retentir

1. Christine Delphy, *Classer, dominer. Qui sont les autres ?*, Paris, La Fabrique, 2008, p. 28.

comme un signifiant hostile, destiné à soutenir un régime d'exploitation. Car l'étranger reste toujours séparé d'une forme nationale qu'il ne peut intégrer. Être désigné étranger revient à se voir refuser la possibilité de passer du groupe des Autres au groupe des Uns, du groupe des Dominés au groupe des Maîtres. Le nom maintient l'étranger dans la périphérie des normes étalons par des processus d'altération qui l'empêchent d'atteindre la norme. La vie des étrangers est une vie rendue toujours autre par l'incapacité des uns à maintenir ouvert le jeu des normes que subissent les autres.

Cette altération transforme la frontière linguistique en frontière de normalité : distinguer le normal national du pathologique étranger peut apparaître comme l'un des effets majeurs de la désignation. Car le privilège de la nomination, c'est bien d'enfermer l'autre dans la pathologie en le soumettant à la loi exclusive de la nation. Nommer des individus étrangers en les rassemblant dans le cercle d'une désignation commune, c'est, en produisant une catégorie indépendante, en faire une catégorie sociale inférieure, déjà soumise à des dévalorisations pathologiques.

Il faut ici revenir à l'analyse que Christine Delphy consacre à la généalogie de l'Autre. L'altérité, souligne-t-elle, est souvent appréhendée à partir d'un groupe déjà en place et d'un groupe « débarquant ». Du rapport de force entre les deux groupes naît la domination du groupe en place sur le groupe « débarquant ». Christine Delphy en vient à contester légitimement la théorie du débarquement. Considérer un sujet comme débarquant, c'est le soumettre à la loi du genre national qui tient l'appartenance (au sol, à la langue, à la culture) pour le foyer d'engendrement de la nation. Par extension, le débarquant est perçu comme un sujet biaisé, un sujet en manque d'appartenance. Alors même qu'il vit avec « nous », il n'est pas comme « nous » car son appartenance est douteuse, toujours soumise au destin du débarquement, d'une vie d'avant l'appartenance, antérieure à la géographie de la nation. Peu importe du reste que les étrangers aient réellement « débarqué », il suffit qu'un signe linguistique, ethnique, culturel, social, les ramène au cordon ombilical du débarquement pour qu'ils continuent à être appelés « étrangers ». L'étranger ne cesse de l'être que quand disparaissent tous les signes du débarquement. Mais cette disparition est rarement définitive.

Ce qui se laisse appréhender sous le nom d'étranger, sous l'appellation de « débarquant », c'est bien l'événement de l'intrusion qui vient malmener d'un même coup les lois linguistiques et nationales. L'étranger est alors « altérisé » comme débarquant perpétuel et il importe que cette altérisation naisse de la division hiérarchique qui institue l'étranger comme autre pour s'assurer de sa domination sur le débarquant. Comme le souligne Christine Delphy, « cet Autre n'est jamais maltraité en raison de qualités ou de défauts qu'il exhiberait en tant qu'individu ou que groupe ; il est maltraité d'entrée de jeu, au moment même où on commence à le désigner comme "Autre"[1] ». C'est que *l'Un* doit s'assurer du *Chez-lui* à proportion du débarquement de l'Autre exhibé comme tel. Être débarqué signifie ne plus appartenir au groupe dominant, être séparé de lui par la classification qui opère comme disqualification, expulsion des classements officiels. Le débarqué est dès lors maintenu dans la non-appartenance par la réitération des signes du débarquement : son corps est un étrange palimpseste, un ensemble de signes à valeur négative, corollaire d'un pouvoir qui marque pour

1. *Ibid.*, p. 20.

mieux démarquer. L'étranger se vit ainsi comme rôdeur, un être des parages rendu disparate par le partage qui l'exclut de la loi des *Uns* pour le retenir dans le groupe des *Autres*.

Autant dire qu'il n'existe pas une évidence de l'étranger qui ressortirait de la seule visibilité de l'exil. Edward Said fait remarquer que l'exil, alors qu'il « découle d'une perte irréversible », a pourtant été « intégré avec facilité à la culture moderne comme un thème puissant et même enrichissant »[1]. D'un côté l'exil est bien « la fissure à jamais creusée entre l'être humain et sa terre natale, entre l'individu et son vrai foyer[2] », de l'autre l'exil ne peut jamais valoir comme socle *naturel* de la monstration de l'étranger. L'étranger ne se montre pas, il ne ressortit pas à l'énigme de la visibilité mais il existe dès lors qu'il entre dans le cercle des circonvolutions langagières qui, en le désignant tel, le situent à la lisière du genre social, sans possibilité de forcer la porte. Il y a une expérience de l'exil qui est celle de la perte (des qualités nationales), du placement dans un entre-deux entre un pays d'origine et un pays de destination, d'une assignation à un « nulle-part[3] », mais cette expérience ne peut donner naissance à une expérience de l'étranger qui se réclamerait de la seule vigueur de l'exil. Car entre l'un et l'autre intervient la désignation injurieuse qui projette un monde de significations et fait écran, rendant indisponibles les expériences glorieuses de l'exil.

Une fois que la *qualité* d'étranger intervient dans le processus de désignation, elle ne peut être retirée aisément tant

1. Edward W. Said, « Réflexions sur l'exil », *Réflexions sur l'exil et autres essais*, trad. de l'anglais par Charlotte Woillez, Paris, Actes Sud, 2008, p. 241.

2. *Ibid.*

3. Voir chap. III.

l'appellation crée un statut précaire et accule à l'invisibilité. L'étranger ne cesse d'être reconduit à son étiquette, celle de l'individu « sans-part », privé des formes de participation qui reviennent aux *nationaux*. Aussi n'en finit-il jamais de devenir étranger, incessamment expulsé vers la lisière, relégué du centre vers la périphérie. Débarquant permanent, il n'arrive jamais à destination tant il est, à tous les coups, reconduit vers des zones de transit – pas nécessairement les espaces disciplinaires et matériels qui se cachent sous ce nom mais tous les espaces interstitiels de la relégation. Là, l'étranger devient intrus, être inapproprié dont le corps flottant et errant est en perpétuel excès sur toutes les places officielles. Comme le souligne Jean-Luc Nancy, l'intrus est celui dont « la venue ne cesse pas, qui continue à venir[1] », non parce qu'il n'est jamais arrivé mais parce que son arrivée est toujours retardée par la loi du genre social qui le maintient dans la périphérie, ne lui permet ni de participer ni d'appartenir durablement aux genres sociaux majoritaires. Conséquence extrême : l'étranger devient invisible. Être désigné comme étranger, c'est potentiellement ne plus être vu que comme membre d'un groupe de parias dont l'existence ne tient plus qu'à l'expulsion hors des sphères de l'audible et du visible[2]. La voix étrangère est d'emblée analysée comme une voix qui est portée par *personne*, c'est-à-dire par aucun sujet admissible : elle est une voix non seulement intraduisible, voix d'emblée absente car dépourvue des réseaux officiels de signification, mais encore disqualifiée par l'histoire qui la

1. Jean-Luc Nancy, *L'Intrus*, Paris, Galilée, 2000, p. 11. Voir à ce propos le film de Claire Denis sur Roissy zone de transit inspiré du livre de Jean-Luc Nancy.

2. Sur le concept de paria, lire Eleni Varikas, *Les Rebuts du monde. Figures du paria*, Paris, Stock, 2007.

sous-tend, procédant d'autres pays, d'autres cultures, une histoire non échangeable arc-boutée au silence de la vie antérieure. Ainsi démonétisée, la voix est sans épaisseur sonore et sans consistance narrative propre, elle devient la voix des sujets qui ne comptent pas, des sujets dont la seule caractéristique est de s'effacer toujours plus, de se *blanchir* pour ne plus être vus. Faire partie du groupe des étrangers, du groupe des Autres équivaut dès lors à une fin de non-recevoir dont le certificat d'authentification est produit par la communauté nationale et linguistique de référence.

Aussi la question de l'étranger est-elle d'abord celle de sa fabrication. Comment fabrique-t-on de l'étranger ? À partir de quels usages linguistiques le processus d'altérisation qui engendre la désignation d'étranger se développe-t-il ? La nation opère des traçages linguistiques et marque dans le langage une frontière entre les *In* et les *Out*. Des guichets d'immigration aux décisions de reconduite à la frontière, en passant par l'obtention préfectorale des permis de séjour et des certificats de travail, c'est toute une traçabilité graphique des sujets étrangers qui se déploie. Cet enregistrement graphique de l'étranger le constitue comme bon ou mauvais étranger, résident ou visiteur, réfugié ou immigré, voyageur ou clandestin.

L'étranger est par conséquent celui qui n'est pas en mesure de faire sa propre expérience de l'étrangèreté car son socle ontologique est, pour ainsi dire, tourneboulé par les différentes institutions qui le désignent étranger et s'attellent à son traçage. Ne pas pouvoir vivre sa propre étrangèreté comme une étrangèreté positive, au moment où l'on est défini comme étranger et enregistré comme tel, voilà la condition d'étranger. La condition d'étranger ne définit pas une condition d'humain mais elle signale un conditionnement paradoxal, la construction d'un sujet séparé, d'un humain scindé entre un régime public de désignation qui l'ostracise et un régime d'expérience privé qu'il ne peut faire apparaître au grand jour. Voir son potentiel d'expériences ramené à l'appellation *vie étrangère*, c'est se voir arrimé à une forme sociale négative qui empêche tout processus réel de reconnaissance ou de restitution de la dignité des formes de vie antérieures. Certes il demeure toujours la possibilité d'alléguer la forme magnifiée de la posture d'étranger. Le regard éloigné n'est-il pas un regard au centuple ? La possibilité du déplacement n'a-t-elle pas une portée heuristique supplémentaire ? L'exil n'est-il pas une condition de la création ? Mais n'est-ce pas passer outre à la condition d'étranger ? Car à aucun moment l'étranger ne s'impose par sa seule présence. Au contraire, il ne parvient pas à universaliser ses contenus d'expérience, il se heurte à la désignation qui le constitue par un autre bord, négateur de ses créations spécifiques.

On ne naît pas étranger, on le devient

Nul ne naît non assigné, d'aucun lieu, d'aucun temps. Autant dire que devenir étranger, c'est voir les lieux se dérober, subir l'effacement du temps national, être expulsé de toutes les familiarités incorporées depuis l'enfance. On ne devient donc pas toujours ce que l'on a été. En l'occurrence, devenir étranger c'est devenir ce que l'on n'a pas été, ce que l'on n'a encore jamais été. Comment comprendre que l'on puisse partir ainsi vers une nouvelle vie, absolument non contenue dans le passé, être propulsé à la lisière des nations, non pas de l'autre côté de la frontière mais sur le seuil liminal qui borde une nation et qui est interne à la frontière ? Il faut bien que la vie soit perméable à l'accident[1], divisée en son centre par l'événement qui est à l'origine de l'exode ou de la fuite, du départ et des adieux. Ainsi surgit une vie dissemblable, poreuse, extravagante dont aucune identité ne peut faire le tour. Tout converge vers un socle ontologique non arrimé, fracturé par la multiplication des espaces et des temps, dont les fragments sont dispersés en raison de la logique historique des migrations et de la globalisation[2] et dont rien n'autorise la recomposition.

Aussi l'Humain ne se conçoit-il jamais comme une forme stable, donnée en une souveraineté majestueuse et resplendissante, assurée d'être reconduite dans le temps et dans les espaces parcourus. Il existe des Humains qui sont plus stabilisés que d'autres, dont les propriétés sociales sont plus incorporées que celles des vies précaires ou des vies exclues. Cela ne signifie pas cependant qu'ils soient pleinement assurés de ne jamais se trouver falsifiés par la désignation qui les expulse en les soumettant au régime de l'étranger. Entrer dans la question de l'étranger, c'est au contraire comprendre que la stabilisation sociale d'une vie n'est jamais assurée, peut toujours faire défaut, non par quelque vice interne caché mais par la force de la désignation qui suspend la carte d'identité et absorbe le sujet ainsi désigné dans le groupe des étrangers, celles et ceux qui n'ont plus leur part, les vivants de nulle part.

La désignation ne doit pas être considérée indépendamment des processus sociaux et politiques avec lesquels elle

1. Lire sur ce point Catherine Malabou, *Ontologie de l'accident. Essai sur la plasticité destructrice*, Paris, Léo Scheer, 2009.

2. Cf. Saskia Sassen, *La Globalisation. Une sociologie*, trad. de l'anglais par Pierre Guglielmina, Paris, Gallimard, 2009.

est en rapport. Elle est une manière particulièrement efficace de ne pas recevoir le migrant en le laissant dans une zone de forte précarité, en le maintenant dans une situation de non-droit propice à l'exploitation. Elle ne doit pas être traitée sans tenir compte des processus de migration et de globalisation de la misère et de la violence politique[1], mais elle constitue une fin de non-recevoir à celle ou celui qui, pour des raisons multiples, s'est déplacé et que l'on maintient dans le statut de personne jamais totalement arrivée.

Il existe donc un trajet qui va vers la désignation. L'instabilité du migrant (pas encore étranger) est engendrée par son désir de fuir la misère ou la terreur politique, lequel s'arcboute à son *conatus*, à son désir de persévérer dans l'être. Le migrant est ainsi cet humain aux bords de l'humain pour qui la migration signifie une nouvelle épreuve en humanisation. La déshumanisation du migrant désigné étranger est alors complète, car ce nouveau *statut* le destitue non seulement définitivement de la forme de vie qui était encore la sienne en tant que migrant (forme de vie sénégalaise, tchadienne mais aussi paysanne, citadine, etc.), et avec elle des expériences banales ou cruciales qui forment son texte caché et qui littéralement n'intéressent plus, mais le destitue également par avance de l'accès durable et viable à des formes de vie nouvelles, en lui interdisant certaines des modalités majeures de l'humanisation – l'accès à un travail légal, l'accès à des papiers, l'accès à une nationalité, à une citoyenneté politique. C'est ce refus de l'obtention de propriétés majeures de la vie humaine qu'implique la désignation d'étranger.

C'est pourquoi l'étranger ne surgit pas d'abord comme étranger mais bien comme migrant, en voyage. Le

1. Voir chap. III.

déplacement ne suffit pas à produire l'étranger. L'étranger n'est alors plus tant celle ou celui qui, au-dehors, risque de débarquer, que celle ou celui qui, au-dedans, a toujours déjà débarqué au prix d'une disqualification mortelle qui l'expose à l'exploitation, à la domination, à l'absence de participation. L'étranger est doublement déshumanisé, dans sa forme de vie perdue et dans son impossibilité à y revenir (y compris quand il revient au pays[1]), étant privé d'une qualité majeure sans laquelle son développement est interdit ou entamé.

Devenir étranger, c'est alors se retrouver dans les parages des nations, rôdeur plutôt que résident. La vie étrangère est, de ce fait, une vie marginale, sans support national, en attente de nouveaux supports. Si toutes les attentes ne se valent pas et qu'il n'y a pas égalité devant l'attente (l'attente de papiers n'équivaut pas à l'attente d'un travail ou d'un relogement), il reste que toutes s'entretiennent et définissent la posture de l'étranger radical. L'étranger est constitué, à l'instar de Godot, comme un être de la pure attente, attendant vainement que soit levée l'attente, attendant la désignation paradoxale qui viendra abolir la désignation d'étranger. Seulement cette désignation – qui ne peut venir qu'après une demande de *naturalisation* – reste opaque, transcendante, et ne s'explique jamais, tel un *fiat lux* qui lève l'injure linguistique et met un terme à la vie dans les droits précaires. Les critères juridiques qui conditionnent la *naturalisation* et l'obtention de droits durables ne sont jamais transparents mais toujours assortis de conditions qui précipitent les vies dans des fouillis inextricables d'où il est peu aisé de ressortir totalement qualifié. Attendre signifie dès lors se tourner vers

1. Alfred Schutz, *L'Étranger* suivi de *L'homme qui revenait au pays*, trad. de l'anglais par Bruce Bégout, Paris, Allia, 2003.

un ensemble de lois qui n'en finissent pas d'ajourner l'épreuve juridique elle-même ou d'en faire motif à procès. Godot et Joseph K incarnent à leur manière deux immigrés clandestins, attendant d'être fixés sur leur sort, le premier perdu dans la pure attente, le second assigné à comparaître à un procès dont l'issue pourrait, le cas échéant, être heureuse et lever l'hypothèque de l'immigration, mais dont Joseph K ne peut s'expliquer les modalités car il demeure sous la pression de l'accusation. L'un attend mais ne voit rien venir, devenu étranger au monde, l'autre, en étant accusé, reste étranger au droit.

Le clandestin, littéralement, ne peut se retourner vers la loi qui, seule, pourrait pourtant l'abolir comme clandestin. Il reste un sujet séparé et précaire. Son invisibilité culmine dans son impossibilité à s'en remettre au droit. Aussi l'étranger est-il non seulement désigné tel mais est-il celui qui ne peut abolir par lui-même son statut d'étranger. Être désigné étranger, c'est être en effet, d'une part, marqué au fer rouge d'une caractérisation que le sujet ainsi qualifié ne peut lever de lui-même ; c'est, d'autre part, se trouver dans l'attente d'une reconnaissance juridique qui viendrait lever cette désignation d'étranger mais qui reste totalement hypothétique.

L'inquiétude définitionnelle de la catégorie d'étranger provient par conséquent de ce qu'être étranger reste toujours le fruit préjudiciable d'une désignation, sans que jamais cette désignation soit en mesure d'engendrer un statut positif de l'étranger. La désignation n'est relayée par aucun mode d'être viable. Bien au contraire, la désignation suspend les modes d'être musulman, croate, portugais, polonais, etc., elle suspend également les modes d'être des migrants en précipitant l'étranger dans la seule attente de l'annulation de son statut.

Se vivre comme étranger dans un pays, c'est s'éprouver comme séparé en permanence du pays d'accueil par la désignation dont on est l'objet et c'est vouloir que soit supprimé ce mode d'être séparé : seule une future désignation juridique pourrait abolir ce mode d'être, si tant est qu'il soit possible de se retourner vers le droit. Se vivre étranger implique dès lors de ne se sentir jamais chez soi, pas même dans le mode d'être octroyé par la désignation.

Qui parle au nom de qui ?

Devenir étranger, c'est, dans ce contexte, se retrouver au milieu de nulle part, dans un sans-lieu permanent. L'identité de l'étranger n'est qu'une identité de seconde zone, sorte de zone tampon liminale produite par le défaut d'appartenance et donc de participation à la nation. Son existence est flottante et, de ce fait, également liminale. Car les sujets se signalent à eux-mêmes et aux autres par les divisions de classe, de genre et les clivages ethniques dont ils sont les objets. Et ces divisions procèdent de marqueurs qui les sanctionnent positivement comme sujets d'une nation ou les disqualifient dans leur titre national. Toute une série de marqueurs biographiques, linguistiques, sociaux, historiques, géographiques, ethniques fouillent les individus pour déterminer leurs aptitudes à valoir comme membres d'une nation. Ces marqueurs d'un sujet (quelle histoire faut-il envisager ? quelle vie au travail ?…) construisent un récit de vie qui est alors analysé en fonction de sa capacité à rejoindre le récit national pour se fondre en lui et le faire revivre. L'étranger est celui dont les marqueurs biographiques sont considérés comme hétérogènes au récit national. Aussi est-il moins un être étrange qu'un être rendu étrange, dissemblable par la désignation linguistique qui n'en finit pas d'opérer sur lui. « Tu » es désigné étranger signifie que « tu » es rendu dissemblable au récit national, que ton existence n'est qu'une existence de parage, de rôdeur, de non-membre éternellement inapte à devenir membre.

Les marqueurs sont multiples mais ils sont sans cesse retraduits comme marqueurs ethniques : couleur de peau, manifestations les plus visibles de la religion, de la langue et de la culture (elles-mêmes épinglées, tels des pin's). Aucun de ces marqueurs n'est par lui-même apte à produire la désignation linguistique de l'étranger. Chacun de ces marqueurs, en revanche, y participe parce qu'il constitue un marqueur distinctif. Ainsi la désignation linguistique opère-t-elle comme une resignification du corps de l'étranger. Resignification plutôt que retraduction. Car, en la matière, il ne s'agit aucunement de laisser parler l'étranger, de lui proposer de participer à la vie de la nation mais bien de parler à sa place.

Et la question est bien celle de savoir qui parle au nom de qui. Qui confère à l'étranger sa trajectoire biographique ? Qui le resignifie comme étranger plutôt que comme migrant ou individu déplacé ou membre de la nation ? Répondre à cette question suppose de s'interroger sur le type de pouvoir linguistique qui engendre la désignation. Ce pouvoir linguistique n'est nullement uniforme. Des guichets d'immigration à l'arrêté préfectoral de reconduite d'un *clandestin* à la frontière, la langue ne se contente pas d'enregistrer des décisions administratives, elle tient lieu de « politique du performatif[1] » car elle est porteuse d'un pouvoir de distinguer

1. Judith Butler, *Le Pouvoir des mots. Discours de haine et politique du performatif*, trad. de l'anglais par Charlotte Nordmann, Paris, Amsterdam, 2008.

les bons sujets nationaux des mauvais, qui se redouble d'un pouvoir de blesser : par elle, en effet, se crée la trajectoire injurieuse du mot *étranger*. Désigner l'étranger en réactivant à cet effet le pouvoir de le séparer, de l'altériser pour le laisser à l'état d'« autre », en suspens, et le conduire régulièrement à loisir à un poste-frontière linguistique quelconque (guichet du Pôle Emploi, bureau préfectoral, Sécurité sociale, commissariat, etc.), c'est alimenter le discours de haine qui le désigne comme ennemi. La frontière linguistique créée par le pouvoir linguistique vise à s'arroger le droit de la double désignation de l'autre comme étranger ou de l'étranger comme autre.

Cela suppose que quelqu'un parle au nom d'une communauté (nationale) et en vienne, à l'intérieur de ce protocole performatif, à affliger l'autre de l'absence de propriété positive. L'étranger est ainsi en permanence soumis à interpellation sans pouvoir s'y soustraire. Au moment même où le migrant est saisi par une interpellation, directe ou indirecte, il ne peut que se retourner vers la source de l'interpellation et s'avancer comme l'étranger qu'il n'est pas. Même lorsque le migrant-futur étranger esquive l'interpellation, qu'il la fuit en se cachant ou en se rendant invisible, il ne parvient pas à infirmer la désignation qui en résulte. L'invisibilité ne fait que confirmer le processus d'altérisation d'une vie désormais rendue étrangère. Elle soumet le migrant-futur étranger à l'appréciation populaire d'un *quelque chose à cacher*, d'un vice interne qui ne peut paraître au grand jour. Dès que la communauté nationale épingle l'étranger, elle crée la propriété positive qui lui fait défaut en établissant les frontières de son foyer de normalité autorisée : elle peut surgir comme communauté de référence. Ainsi que le remarque Simmel, l'étranger à l'intérieur d'un groupe permet à celui-ci d'exister en tant que tel : il revêt la fonction d'une extériorité relative venue le stabiliser en opérant comme sa frontière interne. Existe-t-il une forme nationale susceptible de se référencer sans ce processus de désignation de l'autre ? Peut-il exister une communauté nationale sans *ses* étrangers ? La nation n'existe-t-elle pas au contraire que stabilisée par celles et ceux qui sont censés la déstabiliser ?

La part nationale retire toute part à l'étranger. Désigner l'étranger, c'est lui signifier son impossibilité de prendre part : l'étranger ne se met alors à exister que comme ce « sans-part », sans cesse interpellé comme *mauvais sujet* de la langue.

Tout entier construit comme ne parlant pas comme nous, l'étranger est blessé par le pouvoir du langage qui en fait un rôdeur linguistique. Seulement cette blessure n'est créée que pour renforcer le *corps* de la nation. L'ordre de la langue est ainsi soutenu par la création d'incommensurables qui ont une valeur disjonctive : séparer les langues, séparer les poétiques dans les langues, c'est rendre les langues ou les niveaux de langues hétérogènes les uns aux autres, sans possibilité de partage, sans espoir de traduction. Si la politique est faite de « rapports de monde » plus que de « rapports de pouvoir »[1], c'est à la condition que ces rapports se fassent sur fond de construction de non-rapports : désigner linguistiquement l'étranger, l'interpeller comme cet autre qu'il n'est pas, c'est créer le non-rapport, la séparation des uns et des autres qui engendre dans un même mouvement le sans-part, l'exclu et la part nationale, la part de celles et ceux qui ont part à la nation. La scène linguistique devient alors une scène d'inintelligibilité : obscurcir les vies, les soustraire à la

1. Jacques Rancière, *La Mésentente*, Paris, Galilée, 1995, p. 67.

lumière, désaffilier les sujets maudits pour mieux faire apparaître *l'universel* de la langue nationale comme le seul universel pouvant être inscrit dans la nation elle-même ; les écarter de tout classement interne à la nation pour mieux s'assurer des classes nationales, des classements officiels.

La différence que le pouvoir linguistique repère, crée et amplifie « inscrit un nom de sujet comme différent de toute partie identifiée de la communauté[1] ». Aussi la subjectivation politique de l'étranger ne vient-elle jamais interrompre le cours des frontières : elle le consolide au contraire car elle n'est admise qu'en étant écartée *a priori* des standards de la nation. C'est cette subjectivation même qui dès lors est douteuse car elle n'émane pas de l'étranger mais du discrédit qui pèse sur lui. Il s'agit d'une subjectivation politique formulée par celui qui n'est pas l'étranger et qui parle à sa place, en faisant du *nom* de l'étranger le nom non pas de celle ou de celui à qui il parle mais plutôt le nom de celle ou de celui qui est parlé quand il parle à d'autres *nationaux*. C'est pourquoi cette subjectivation politique n'a aucune manifestation : elle est désignation d'un lieu sans parole. L'animal politique moderne est ainsi d'abord un animal qui défait la politique de l'autre, son pouvoir de manifestation, en le liant à une fêlure, un écart qui l'a toujours déjà expulsé du cercle de l'intelligibilité et de la légitimité politique.

La désidentification produite par la désignation d'étranger (expulsé de l'identité nationale) confère à la communauté nationale la force policière de l'expulsion. Déclassé des classements linguistiques, l'étranger est déplacé hors de la communauté nationale et maintenu à distance par les formes variées des usages linguistiques conventionnels qui ne

1. *Ibid.*, p. 61.

peuvent manquer de l'injurier, révélant combien « nous sommes formés dans le langage » et combien, par conséquent, « le langage agit et [...] agit contre nous »[1], nous montrant ainsi vulnérables dans les possibilités corporelles qui sont les nôtres de porter le langage. Les blessures linguistiques concernent l'étranger que nous ne sommes pas, séparé de la langue nationale ; elles concernent aussi l'étranger que nous pouvons devenir quand nous sommes nous-mêmes disqualifiés comme non-membres d'une communauté nationale que nous voulons pourtant atteindre ; elles valent aussi pour nous qui ne sommes pas étrangers et n'avons pas vocation à le devenir mais qui sommes pris également par les rites de passage de la langue-nation, par son pouvoir d'enrôler.

L'étranger n'est pas un héros de l'adversité radicale mais un *rôdeur* ayant passé certaines frontières, éconduit et reconduit à d'autres frontières, situé de ce fait dans des espaces intermédiaires, entre le *dedans* et le *dehors*, logé non pas dans l'extériorité radicale mais dans les interstices précaires de l'entre-deux. Des enfants peuvent avoir passé la frontière de l'école, être assis devant leur pupitre à l'école élémentaire ou au collège et ne pas avoir franchi la frontière préfectorale. Leurs parents peuvent travailler, avoir franchi la frontière économique et être en attente de papiers, mal logés. Nulle part il n'existe donc cette gloire du *dehors* radical qui, soudainement, en vertu d'une métamorphose incendiaire, ferait irruption dans le *chez-soi* pour le troubler définitivement et en faire surgir une figure renouvelée, radieuse. Être désigné étranger, c'est être pris dans le filet des frontières, ni totalement au-dedans ni totalement au-dehors.

1. Judith Butler, *Le Pouvoir des mots*, *op. cit.*, p. 21.

J'appelle *condition d'étranger* la précipitation dans la situation d'être dedans tout en étant dehors, engendrée par la désignation d'une vie comme étrangère. La *condition d'étranger* n'est pas une condition humaine partagée, elle repose sur une désignation qui crée la possibilité (sociale, juridique, économique) d'être dedans tout en étant dehors.

Le genre de la nation

La *condition d'étranger* repose ainsi sur la loi du genre social. Celui-ci, pour se développer, a besoin de se fendre en son milieu. Qu'est-ce à dire ? Pour un sujet, être membre d'une communauté nationale, c'est être reconnu comme membre des lieux sociaux académiques. Que signifie cette reconnaissance ? Un pouvoir de participation est conféré à celle ou celui qui est désigné positivement par la loi du genre. Répondre à la loi du genre, être reconnu comme Français, Américain, Japonais, c'est admettre que l'on peut être sollicité par les formes distinctives des lieux sociaux académiques et par les usages qu'ils impliquent. À la sollicitation fait écho la participation d'une vie à un genre d'activité. La souscription à la loi du genre ne marque pas une appartenance du sujet national à un seul genre d'activité, elle souligne la possibilité pour le sujet de participer à tous les genres d'activité autorisés par la nation. Comme le souligne Derrida, il s'agit bien là d'« une sorte de participation sans appartenance[1] » dans la mesure où un sujet, du moins celui qui est retenu positivement comme

1. Jacques Derrida, *Parages*, Paris, Galilée, 2003, p. 237.

membre de la nation, peut participer à plusieurs genres sans appartenir à aucun.

Jacques Derrida, dans le contexte de la théorie littéraire produite par Gérard Genette, dit à propos de Maurice Blanchot qu'un texte littéraire « ne saurait appartenir à aucun genre [dans la mesure où] tout texte participe d'un ou de plusieurs genres[1] ». Il souligne ainsi qu'il n'existe pas de texte sans genre mais que la participation à un genre ne peut jamais être pensée comme une stricte appartenance. Le genre romanesque marque de sa loi tel ou tel roman mais cette mention reste extérieure à l'objet qu'elle désigne. Le débordement de la matière romanesque sur le codage pourrait sembler l'élément pertinent de la remise en cause de la notion d'appartenance mais ce n'est pas celui que soutient Derrida. Pour lui, la mention « roman » n'est pas « romanesque » et est ainsi extérieure au roman lui-même. Cette extériorité du codage sur la matière codée, loin de faire vaciller la loi du genre, la dote au contraire d'une efficacité supplémentaire. Elle lui assure, en particulier, qu'elle ne sera pas remise en cause par ce qu'elle code, du fait précisément de la frontière qui est réactualisée avec chaque codage qui sépare le code de la matière codée. Ainsi, un texte littéraire ne saurait tout au plus que participer d'un genre ou de plusieurs genres, sans jamais être situé sur le même pied qu'eux : ce défaut d'appartenance fait que la loi du genre (semblable à la loi à la fin du *Procès* de Kafka) est toujours transcendante, en excès sur la matière qu'elle code.

Si nous transposons cette analyse à la relation entre la nation et les sujets, les choses se passent à peu près ainsi : tout sujet est en permanence fouillé, ausculté et recodé

1. *Ibid.*, p. 245.

comme susceptible de participer aux genres d'activité fixés par la loi du genre qui caractérise une nation. Être reconnu comme sujet, c'est précisément se voir attribuer la compétence à participer aux genres d'activité en rapport avec les lieux sociaux académiques. La mention « Français », « Américain », « Japonais », etc., signe la reconnaissance d'un pouvoir de participation aux genres d'activité. Pour autant, cette participation n'équivaut pas à une appartenance : aucun sujet ne peut à lui seul (ni même les sujets pris ensemble) se rendre immanent à la loi du genre car celle-ci le précède inévitablement et en assure par avance la construction. La nation, par ses désignations successives, par ses codes linguistiques et son pouvoir de nommer, retient les sujets qu'elle reconnaît aptes à participer aux genres d'activité sociaux. Retenir ne signifie pas qu'elle se *désintéresse* des autres, mais qu'elle fait passer une frontière entre celles et ceux qu'elle reconnaît et les *autres*, qu'elle ne reconnaît pas. L'étranger, par contraste, est celui qui n'est pas reconnu comme apte à participer. Pour autant, il peut agir dans les genres sociaux tels les genres professionnels : le travailleur clandestin assure un rôle majeur dans les ateliers de couture clandestins ; sans lui l'économie nationale n'existe tout simplement pas sous sa forme actuelle. Seulement l'immigré clandestin n'est pas reconnu comme pouvant participer officiellement aux genres professionnels. Il est séparé d'eux par la loi du genre elle-même, activée par le pouvoir linguistique qui le désigne comme étranger. L'étranger est donc situé à la lisière des genres sociaux par la loi du genre qui le code négativement. Mais la mention de genre qui retient les sujets aptes à participer et éloigne les vies qui se débattent dans les genres sans pouvoir y participer se rend dépendante du tracé de la frontière. Car les frontières ne sont pas un accident de la mention de genre mais bien ce qui lui permet de se manifester le plus adéquatement. La loi du genre est scellée à un « axiome de non-fermeture ou d'incomplétude[1] ». Ce n'est que par sa capacité à faire frontière que la loi du genre peut inclure celles et ceux qui participent aux genres sociaux dominants et laisser dans les marges les individus qui ne parviennent pas à loger dans les formes de participation légitimes.

Être désigné étranger équivaut dès lors à mener une vie dans les marges. Dans les marges des genres sociaux et professionnels. Soit que les personnes ainsi désignées les hantent en s'y rapportant sans jamais pouvoir y participer, à l'instar du travailleur clandestin qui fait ce que d'autres font mais est séparé de la participation à un genre d'activité professionnel par sa non-reconnaissance comme professionnel légal, détenteur officiel d'un métier. Soit qu'elles participent à certains mais pas à d'autres, tel l'étranger admis officiellement à résider sur un territoire mais à qui on refuse le droit de prendre part aux élections et qui reste ainsi dans la marge du genre de la citoyenneté.

D'un côté, la loi du genre est relative aux frontières avec lesquelles elle est en rapport en fixant les degrés de participation des *uns* et des *autres* aux genres sociaux dominants. D'un autre côté, la loi du genre fait de l'étranger le *mauvais genre* par excellence. Comprendre qu'il est épinglé à la marge comme le rôdeur pris dans le filet des frontières, c'est découvrir qu'il est produit dans un système de classification qui relie le pôle de l'étranger au pôle du national, dont les règles reposent sur des registres de désignation amples qui séparent les *uns* des *autres* en fixant les non-membres le long de l'axe générique qui produit les

1. *Ibid.*

membres officiels. Le national fait genre en produisant le *mauvais genre* de l'étranger grâce au pouvoir linguistique qu'il ne s'approprie pas mais dont il fait l'un de ses instruments préférentiels. Si l'unité du genre national et du mauvais genre de l'étranger relève d'une pratique d'intelligibilité abusive, c'est dans la mesure où le genre sélectionne, lisse un territoire en reléguant à la marge les agir singuliers qui le déterritorialisent et le trouent.

Contestations

Le genre, dont la composante linguistique est essentielle (car elle désigne qui participe au genre et qui n'y participe pas), lisse un territoire tel un fer à repasser. Il faut remarquer que ce processus de lissage n'est jamais totalement efficace, pas plus que les formes de désignation auxquelles il s'associe. Car la loi du genre et le mauvais genre qu'elle convoque et récuse tout à la fois ne peuvent rester indifférents l'un à l'autre.

D'un côté, la loi du genre n'a de cesse que de vouloir marginaliser le mauvais genre en le dépréciant toujours plus. Il ne suffit pas qu'une vie soit désignée comme étrangère, encore faut-il qu'elle soit assignée au mauvais genre, épinglée à lui par des désignations supplémentaires telles que « hors-la-loi », « clandestin », « voyou », opérant ainsi en permanence des concaténations de sens entre les désignations elles-mêmes, créant des chaînes de désignations négatives qui fixent le mauvais genre, créent son épaisseur sémantique : si voyou est associé à clandestin, si immigré est associé à hors-la-loi, il se crée un réseau de significations maudites qui emportent toujours plus l'étranger dans la spirale du mauvais genre et le privent ainsi de toute attache légitime, en font un *sujet déterritorialisé*, un être potentiellement de nulle part, susceptible d'être rendu inaudible et invisible.

D'un autre côté, le processus n'est pas univoque car il existe des contre-courants. Les formes de vie désignées étrangères ne se laissent pas, *a priori*, capturer sous la dénomination du mauvais genre. Elles rétroagissent sur la loi du genre en se rendant visibles, en manifestant. Leurs interventions concrètes dans les genres sociaux déstabilisent ceux-ci et, au-delà, la taxinomie du national, en l'empêchant de se refermer sur sa seule logique de désignation et en opérant, de ce fait, des possibilités inédites de resignification de la bipartition membre / non-membre d'une nation. Ainsi l'étranger ne peut-il jamais être assigné à la loi de la nation qui le désigne entièrement du côté du mauvais genre. Comme le souligne Derrida, « l'inclusion et l'exclusion ne restent pas extérieures l'une par rapport à l'autre, elles ne s'excluent pas[1] ». Convoquer la loi du genre (national) dans la désignation de l'étranger, c'est en retour « sonner le glas de la généalogie ou de la généricité auxquelles elle donne pourtant le jour[2] ». La généalogie française, à titre d'exemple, est ébranlée par la vie qu'elle désigne comme étrangère. Sa manifestation ne se contente pas de contester la taxinomie qui l'exclut. En faisant intrusion comme vie étrangère dans l'espace national, de nouvelles formes de vie sont convoquées, non prévues par la taxinomie nationale. Ces formes de vie sont certes le plus souvent assignées à l'invisibilité par les formes de vie dominantes, mais elles ne se laissent pas rendre

1. *Ibid.*
2. *Ibid.*, p. 246.

totalement invisibles. Avec elles, alors même qu'elles sont ostracisées et rendues subalternes, s'inventent des figures neuves qui peuvent être des figures métisses, hybrides, des figures minoritaires, porteuses de différences culturelles.

Les taxinomies nationales ne peuvent ainsi jamais totalement prendre racine car elles sont malmenées par les possibilités de vie qui se logent dans les interstices des classifications officielles. La loi de la nation ne peut se développer sous la seule condition de sa taxinomie. Elle est rejouée dans les micro-normes inventées par les formes de vie étrangères. L'orientation nationale reste hantée par ce qui la déborde mais qui ne parvient pas réellement à s'inscrire en elle. L'étranger n'est donc pas seulement fixé comme mauvais genre par les différentes formes de désignation nationale. Il constitue aussi, par le fait même qu'il est attaché au mauvais genre, une possibilité de site innovant. Contraints à être formés dans les interstices de la nation, les sujets désignés étrangers à la nation développent des créations à la marge, des styles collectifs qui, tels des rhizomes, se déploient sous le sol de la nation, le trouent de mille inventions politiques particulièrement fécondes. Comme l'écrit Homi K. Bhabha, « ce qui est innovant sur le plan théorique et crucial sur le plan politique, c'est ce besoin de dépasser les narrations des subjectivités originaires et initiales pour se concentrer sur les moments ou les processus produits dans l'articulation des différences culturelles[1] ». La création des espaces interstitiels, largement engendrée (mais pas seulement) par les possibilités de sites innovants liés à la désignation de l'étranger, permet non seulement de

1. Homi K. Bhabha, *Les Lieux de la culture. Une théorie postcoloniale*, trad. de l'anglais par Françoise Bouillot, Paris, Payot, p. 30.

contrer l'idée d'une subjectivité originaire mais également d'avancer en direction de subjectivités inconnues, de « nouveaux signes d'identité[1] ».

Une redéfinition de l'idée de société est ainsi à l'œuvre grâce aux expériences minoritaires, alternatives des interstices ou des marges. La question se pose alors de savoir comment préserver la possibilité pour des sujets de se former dans les interstices ou marges où ils sont acculés. Comment établir un pouvoir de la périphérie lorsque la périphérie est forgée pour être sans pouvoir[2] ? Est-il possible que la loi du genre se laisse affecter par le mauvais genre qu'elle a elle-même désigné tel ? Il existe certes une irréductibilité joyeuse des formes de vie aux désignations qui les insultent. Pourtant, la loi du genre a vocation, grâce notamment au pouvoir linguistique mais aussi au pouvoir policier, à maintenir l'étranger à la périphérie en le privant des pouvoirs nécessaires à son déploiement.

Fictions nationales

Stabiliser l'étranger du côté du mauvais genre est dès lors pour la nation une nécessité impérieuse. Intensifier les frontières afin que les rhizomes alternatifs ne se propagent pas acquiert force de loi pour le genre national. Les équarrissages nationaux se heurtent à la déstabilisation des genres nationaux majoritaires produite par celles et ceux qui ne peuvent plus se maintenir dans leurs formes de vie antérieures et sont contraints, par quelque impératif vital, de fuir

1. *Ibid.*
2. Voir chap. IV.

la misère, d'échapper à une dictature. De tels déplacements trouent la politique nationale autant qu'ils la décontenancent : ils font irruption dans les genres d'activité majoritaires et les subvertissent, cherchent à les tourner à leur avantage. L'étranger est ainsi ce migrant qui ne se laisse pas dissoudre aisément dans la nation qu'il rejoint, non seulement en raison de la désignation qui le sépare durablement des genres nationaux, mais également du fait de la propagation vitale des formes de vie désignées comme étrangères. Si, comme le soutient Judith Butler, « l'unité du genre est l'effet d'une pratique régulatrice qui cherche à uniformiser l'identité de genre » et que « la force de cette pratique réside dans sa capacité à réduire, au moyen d'un appareil producteur d'exclusions, les différents sens possibles »[1] des manières d'être, alors ce qui vaut chez Butler pour le lissage de la sexualité vaut aussi pour le lissage de la nationalité. Comme les sexualités hétéroclites sont assignées au stigmate de la honte par les pratiques régulatrices qui instituent le seul genre valide de l'hétérosexualité, les manières d'être non nationales tendent à être annulées ou délégitimées par les manières d'être nationales, opérant comme de véritables standards. Si les multiples fictions régulatrices du national et de l'étranger surgissent, à l'instar des fictions du sexe et du genre, comme « autant de lieux de significations ouverts à la contestation[2] », c'est dans la mesure où l'étranger et le national sont des fictions qui, certes, se soutiennent mutuellement pour se laisser saisir comme des formes consistantes mais qui, également, se déstabilisent. Le national crée la fiction de

1. Judith Butler, *Trouble dans le genre. Le féminisme et la subversion de l'identité*, trad. de l'anglais par Cynthia Kraus, Paris, La Découverte, 2006, p. 108.
2. *Ibid.*, p. 109.

l'étranger pour faire lui-même oublier qu'il est une fiction. C'est parce que le national est une fiction, un ensemble de conventions ne reposant sur aucune évidence (de sol, de sang, etc.), qu'il est un genre performatif tout entier contenu dans le fait d'engendrer l'étranger comme son *autre*. Cet *autre* n'est soutenu par aucun autre pôle d'altérité que celui conféré par le genre légitime au mauvais genre.

Soutenir que le national est une fiction ne revient pas à dire que la nation est une fiction. Seulement la nation ne peut exister comme forme souveraine et comme force politique qu'à la condition de se développer en tant qu'entité imaginaire. Le national répond à une telle institution imaginaire de la nation. L'identité nationale développe des thèmes qui ne peuvent exister qu'en nommant l'étranger et en lui conférant une identité marginalisée. La désignation de l'identité d'étranger n'opère donc absolument pas comme la désignation d'une identité quelconque. Elle manifeste la présence dans la nation d'une marge au mieux tolérée, jamais légitimée. La marginalité étrangère ne peut pas rejoindre les fictions nationales. Autant dire que l'identité d'étranger devient, dans ce contexte, une identité honteuse dont le seul bénéfice est de stabiliser les fictions nationales.

Pourtant, cette stabilisation du national par l'étranger ne peut manquer de valoir également comme une mise en question du national par l'étranger. Ainsi que le souligne Judith Butler à propos de l'identité de genre, « l'identité étant fixée par des concepts stabilisants [...] l'idée même de personne est mise en question par l'émergence culturelle d'êtres marqués par le genre de façon incohérente ou discontinue[1] ». De la même façon, si l'identité est fixée par

1. *Ibid.*, p. 84.

les fictions nationales (comme les références au sol, au sang, à la langue) et par les formes stabilisantes de l'appartenance à une nation tels les supports juridiques et le travail, l'idée d'un *sujet national* est nécessairement mise en question par l'émergence culturelle d'êtres marqués par l'absence d'appartenance à une nation et par l'expulsion hors des standards nationaux. Ce marquage paradoxal qui confère aux étrangers une existence problématique, à la fois visible et spectrale, interroge en retour les marques nationales tolérées et encouragées, les labels de la nation. Au total, la prolifération des identités marginalisées troue le continuum de la nation en faisant scintiller des halos de discontinuité, des formes de vie hétérodoxes qui jettent le trouble dans l'ordre national.

D'une part, la construction de l'identité nationale exige que certaines formes d'identité ne puissent pas officiellement exister : tel est le cas des identités étrangères qui, comme la *subjectivité musulmane*, sont jugées non compatibles avec les fictions nationales, à l'opposé des identités tenues *a priori* pour compatibles comme les identités européenne ou américaine. D'autre part, la construction de l'identité nationale est, de ce fait, troublée par les identités rétives et hétérodoxes. Ce trouble peut être exploré de différentes façons. Il peut être l'occasion d'un *resserrement* tragique sur la fiction nationale au point que toute idée de trouble est considérée comme une anomalie pour la nation. Il peut aussi être l'occasion d'un *agrandissement* de la vie physique et psychique de la nation par l'invention de formes de vie nouvelles. Le texte public de la nation correspond le plus souvent à un *resserrement* de la nation sur les matrices culturelles habilitées à fabriquer du *national*. Le texte caché de la nation demeure cependant dans les interstices ou à la marge du texte public : il correspond soit à une tentative de maintien des formes de vie extra-nationales dans l'espace de la nation, soit à une *hybridation* des formes de vie nationales et des formes de vie extra-nationales pouvant donner lieu à des inventions nouvelles, à des manières d'être inhabituelles.

Une *politique de l'étranger* pourrait alors consister à retourner les formes de vie des étrangers sur les matrices culturelles hégémoniques qui fabriquent *le national* afin que ces matrices soient déstabilisées au point de produire de la nouveauté ou, du moins, de reconnaître la nouveauté engendrée à la marge, dans la semi-clandestinité des formes de vie ostracisées. Qu'est-ce que créer de la nouveauté dans le contexte de la déstabilisation des matrices culturelles dominantes ? Est-ce nécessairement produire du *métissage* ou de l'*hybride* ? Ou bien le métissage et l'hybride sont-ils déjà des façons postcoloniales d'envisager la déstabilisation des matrices qui insistent sur l'aspect *bienheureux* de la déstabilisation ? Peut-on alors philosophiquement donner corps à l'idée de métissage ou d'hybridation et est-ce d'ailleurs la même chose ? Le métissage a ceci de problématique qu'il suppose, à l'origine, des matrices culturelles suffisamment pures pour faire naître des communautés culturelles séparées, non contaminées par les formes de vie errantes et nomades. Il implique la rencontre mais suppose que la rencontre soit seconde par rapport à la communauté. Comme si la communauté était d'abord fermée avant d'être trouée. Pourtant, son ouverture ne lui vient pas par accident ni en deuxième instance. C'est d'emblée qu'elle est lézardée, fissurée. Car un territoire n'existe que pour autant qu'il est, en permanence, dans son effectuation même, déterritorialisé. Les déterritorialisations sont les trous faits par les vagabonds, les pauvres, les clochards, les errants et tous les étrangers. Le métissage, qui implique une logique de la rencontre *bienheureuse*, présuppose les cadres stabilisés des entités refermées sur elles-mêmes ; il risque aussi d'effacer, en tant que *catégorie bienveillante*, les rapports de pouvoir qui relient une communauté nationale et un territoire à ses différentes formes de peuplement. Le métissage suggère des appariements heureux entre des peuples, des nations : il occulte ainsi le fait que l'étranger qui entre sur un territoire hostile est d'emblée discrédité comme membre de la nation *accueillante* ; il minore par conséquent les processus de domination résultant de la migration subie. Le métissage peut concerner les étrangers glorieux qui ont les moyens sociaux et symboliques de faire corps avec les formes de vie de la nation de destination, laquelle ne s'ouvre alors que parce que son socle identitaire n'est pas menacé : il ne prend pas en charge *la vie des étrangers infâmes* qui sont d'emblée séparés de la nation par toutes les formes de macro- et de micro-pouvoir dans lesquelles ils sont pris. Par contraste, l'hybridation semble mieux convenir car elle n'est pas attachée à un tel processus de la rencontre, pas plus qu'elle ne suggère une occultation des rapports de pouvoir : elle se réfère au contraire à la logique souterraine des vies qui s'échappent les unes dans les autres ainsi qu'aux formes culturelles avec lesquelles elles sont en rapport et qui se déséquilibrent mutuellement, non par quelque excès d'artifice mais par pression et débordement vital, par extension des zones de frottement.

CHAPITRE II

Sans toit ni loi

La question de l'étranger surgit de l'intérieur de la nation. L'étranger est celui qui ne relève pas de la nation et qui se trouve, de ce fait, hors nation. Ce « hors-nation », c'est aussi ce qui le sépare de sa nation d'origine, ce qui creuse en lui un vide. Sous la désignation surgit donc l'absence, une expérience de la privation des mondes de la vie déracinée qui reste à l'état privé, informulé, car les désignations publiques produisent un tout autre texte, une vision en creux, un ensemble de défauts accumulés : l'étranger est alors en défaut de nation, de langue, de domicile. L'identité négative de l'étranger peut ainsi s'instituer comme ensemble de déficits, vie *avariée* sur laquelle pèse le soupçon indélébile de la certification douteuse.

Nulle part donc l'évidence de vies lumineuses pouvant se soutenir par elles-mêmes hors des supports nationaux (sociaux, juridiques)[1]. Partout des cadres normatifs actifs de la nation qui conditionnent l'intelligibilité d'une vie humaine la déterminent par avance en s'alliant à d'autres

1. Sur la problématique des supports sociaux qui conditionnent la possibilité d'être un individu, lire la conclusion du livre de Robert Castel, *La Montée des incertitudes. Travail, protections, statut de l'individu*, Paris, Seuil, 2009.

exigences de classe et de genre. Comment les présupposés normatifs de la nation circonscrivent-ils par avance ce que nous entendons par humain ? Comment, en particulier, en viennent-ils à légitimer des humains nationaux et à reléguer les autres dans les marges de la nation, les considérant par là même comme potentiellement moins humains ? Pourquoi la nation crée-t-elle ainsi une humanité instituée et une humanité périphérique ? Est-ce pour convoquer la seconde selon les besoins et exigences de la première ? La nation ne peut-elle exister qu'en vertu de cette dissociation des *humanités* par laquelle l'une est au service de l'autre ? Poser toutes ces questions revient à souligner qu'il existe une politique de la désignation orientant partiellement les trajets linguistiques exclusifs et injurieux. Que la désignation soit au service d'une politique signifie que la production linguistique de l'étranger n'est pas arbitraire, qu'elle ne dépend pas seulement des paroles des *uns* et des *autres*. Les désignations souvent injurieuses de l'étranger sont conditionnées par les schèmes actifs de la nation qui opèrent dans des procédures actives de pouvoir. Il existe bien un racisme d'État[1] engendré par les privations de droits qu'entraîne le traitement des migrations. Refuser à un migrant les droits élémentaires, le reléguer au ban de la nation en lui signifiant qu'il ne peut pas atteindre son centre, c'est, au sens fort du terme, *hypothéquer* son existence sociale et, par extension, *déshumaniser* une vie en lui retirant toute possibilité de soutien national.

Mais la condition d'étranger ne résulte pas seulement de la désignation, elle est amplifiée et même démultipliée par le

1. Cf. Étienne Balibar et Immanuel Wallerstein, *Race, nation, classe. Les identités ambiguës*, Paris, La Découverte, 2007.

défaut d'accueil des démocraties qui considèrent la circulation des biens comme plus légitime que la circulation des personnes. L'étranger est potentiellement remis en cause sur ses bases vitales. Tout d'abord, à l'expérience de la migration répond le doute concernant la possibilité même de son séjour dans le pays de destination. Ensuite, l'existence sociale de l'étranger est flottante puisqu'elle n'est assortie d'aucun droit supplémentaire : bien au contraire, à une interrogation portant sur son titre de séjour répondent des droits précaires. C'est ce phénomène de déplacement permanent corrélé à une vie presque sans droits qui parachève la condition de l'étranger qui, ainsi désigné, peut alors au sens fort être rendu « sans toit ni loi », injustifié donc et assujetti à une place absolument aléatoire.

Émigrés

L'émigré comme partant

L'étranger est, le plus souvent, un être démuni, pris dans la logique sociale de la migration plutôt qu'un sujet porteur d'un nouvel *ethos*. Si, pour la *société d'accueil*, l'étranger est d'abord un *immigré* qui lui pose des problèmes[1], le migrant se vit d'abord comme un *émigré*, une personne contrainte à la migration, une migration qui met en cause les frontières du *chez-soi*, qui abolit le *chez-soi*. Le miséreux qui fuit la faim, le réfugié qui fuit la terreur ne sont pas des *voyageurs*, mais des *émigrés* arrachés au *chez-soi* qui ne peuvent imaginer revenir aisément chez eux. L'étranger ne s'installe

1. *Ibid.*, p. 11.

donc dans le voyage que pour l'abolir. Ce dernier n'est pas le but mais le moyen à partir duquel un autre *chez-soi* peut être envisagé, un *chez-soi* chez les autres, un pli dans une autre nation[1] censé compenser la perte du pli originaire qu'est le manque du natal, la soustraction au natal.

La question est alors de savoir si la vie ordinaire qui fuit son *chez-soi* se désigne elle-même comme émigrée ou si cette appellation relève déjà d'une désignation extérieure. La question est d'importance car elle engage les rapports entre expérience et désignation et porte sur le vécu de l'émigré. Peut-on qualifier le vécu de l'émigré par-delà la désignation qui rabat l'émigration sur l'immigration, la rupture du *chez-soi* sur le motif économique d'un travail à trouver ailleurs ? Il faut procéder ici non seulement à une typologie des étrangers mais aussi se demander dans quelle mesure la désignation de l'étranger comme émigré permet de rendre compte de cette typologie sans être d'emblée sous-tendue par une logique normative trop lourde. À moins que celle-ci ne soit justifiée et qu'il n'y ait derrière la violence normative du rabattement de l'émigration sur l'immigration une *vérité* cachée qui veut que la rupture du *chez-soi* soit, en règle générale, envisagée en fonction d'un travail à venir, à la fois espéré et craint.

Penser l'étranger comme émigré, c'est d'abord souligner qu'il est un sujet quittant son *chez-soi* et ses formes de vie quotidiennes avant d'être un *débarquant*. Gardons en mémoire l'avertissement d'Abdelmalek Sayad :

1. Le cinéma a fait un traitement approprié de ces déplacements. Voir par exemple, de Michael Winterbottom, *In This World*, ou encore, d'Emmanuel Finkiel, *Nulle part, terre promise*.

> Toute étude des phénomènes migratoires qui néglige les conditions d'origine des émigrés se condamne à ne donner du phénomène migratoire qu'une vue à la fois partielle et ethnocentrique : d'une part, comme si son existence commençait au moment où il arrive en France, c'est l'immigrant – et lui seul – et non l'émigré qui est pris en considération ; d'autre part, la problématique explicite et implicite est toujours celle de l'adaptation à la société d'accueil[1].

L'existence de l'émigrant est antérieure à celle de l'immigrant et sa logique déborde celle de l'adaptation. Fondre l'émigré dans l'immigré, c'est le considérer uniquement en fonction des normes du pays de destination et dévoiler tous les manquements de l'immigré aux règles explicites et implicites de la nation. L'étranger n'est dès lors qu'un sujet du *manque*, il n'est plus un sujet de *désir* dont la trajectoire est d'abord déterminée par une vie en débat avec son groupe d'origine et les positions économique, sociale, culturelle qui le caractérisent. Il est potentiellement *personne*, un *entrant* perpétuel. Il faut opposer à cet étranger stéréotypisé, neutralisé, les vies irréductibles qui emportent les territoires nationaux hors d'eux-mêmes en les pliant à des rêves d'ailleurs. L'émigré ne se contente pas de manquer de *chez-soi*, il crée des failles dans les sols nationaux. Ces failles sont créées dans le monde du *chez-soi* de l'émigré en référence à des polarités de valeurs, des manières de vivre insolites qui ne se laissent pas dissoudre dans la cohérence des groupes constitués.

1. Abdelmalek Sayad, *La Double Absence. Des illusions de l'émigré aux souffrances de l'immigré*, Paris, Seuil, 1999, p. 56.

L'émigré comme sujet brisé

La subjectivation insolite du futur émigré prend un sens nouveau avec la logique de l'émigration. Car cette subjectivation peut conduire à l'émigration en vue d'une forme de vie revendiquée – le style politique du réfugié, la manière d'être sexuelle d'un sujet *queer* : tout se passe alors comme si l'émigration était déjà contenue dans le fait d'être étranger aux groupes d'appartenance de la nation d'origine. L'*étranger* à son pays est déjà un *émigré* potentiel. De fait, il quitte souvent son *chez-soi* natal pour une autre destination dans le pays d'origine, avant, éventuellement, de quitter celui-ci pour un nouveau pays d'accueil. Se vivre *étranger* aux autres (et nous ne sommes plus ici dans la désignation) est ainsi ce qui conditionne la possibilité de l'émigration, de la future désignation d'étranger. Mais la subjectivation peut aussi être sans effet sur l'émigration : entendons par là que l'une n'engendre pas nécessairement l'autre car c'est alors la logique économique du travail recherché qui prévaut et referme les possibles subjectifs sur des possibles à venir. Selon ce deuxième cas de figure, l'émigration condense une attente normative majeure – la référence au travail –, au point qu'elle peut briser les possibilités subjectives pourtant en place dans les groupes d'accueil constitués de la société d'origine. En l'occurrence, l'émigration est arrachement à son propre monde, éloignement, si bien que la vie de l'émigré devient une deuxième vie sans rapport avec la première vie.

L'étranger émigré est ainsi *ou bien* un sujet attaché à sa forme de vie et appelé de ce fait à émigrer, *ou bien* un sujet contraint de rompre avec sa subjectivité. Dans le premier cas, la déterritorialisation préserve, seule, une vie. Ainsi en est-il de Saïd, journaliste travaillant pour un journal satirique algérien, arrêté par des policiers et torturé pendant plusieurs semaines, qui se résout, après s'être caché pendant un an, à fuir son pays et à déposer une demande d'asile en France[1] ; ainsi en est-il de Miryam qui entretient en Iran une relation amoureuse avec sa meilleure amie et qui, pour cette raison, est renvoyée de son école, internée en hôpital psychiatrique après avoir été secrétaire dans une usine d'État, et parvient finalement, après tortures et interrogatoires, à se rendre en France et à faire une demande d'asile[2]. Une vie est rendue invivable par les formes de la nation d'origine et s'efforce d'en sortir. L'émigration s'apparente alors à un refus d'être gouverné de telle ou de telle façon[3], mais ce refus passe par le corps : l'étranger est un corps irréductible que la rage préserve de la mélancolie nationale qui peut l'atteindre mortellement. Le déplacement signifie le maintien d'un *droit à l'errance* qui s'exerce hors nation car il est rendu impossible à l'intérieur de la nation d'origine.

Dans le second cas, le trou dans la société d'origine est amplifié par un trou dans le sujet. Pour celle ou celui qui fuit son pays en raison d'un motif politique ou personnel irréductible, la perte du pays natal est aussi une perte de soi. Car jamais un sujet ne peut se retrouver dans la forme de vie qu'il veut absolument maintenir par le déplacement sans être exposé, non seulement modifié mais aussi blessé, à l'intérieur de cette forme de vie. La demande de droit d'asile change la forme de vie choisie ou vécue par un sujet en forme de vie

1. *Cette France-là*, *op. cit.*, p. 75.
2. *Ibid.*, p. 61.
3. Cf. Michel Foucault, « Qu'est-ce que la critique ? » [1978], *Bulletin de la Société française de philosophie*, vol. 84, n° 2, Paris, Armand Colin, 1990.

précaire. Elle plonge celle ou celui qui l'entreprend dans l'attente d'une régularisation et cette attente transforme la vie en zone transitoire, en espace de l'entre-deux, ni abandonné, ni réalisé : la subjectivité qui en résulte est une subjectivité partiellement interdite, impuissante à souscrire totalement à sa forme vitale. Ainsi le sujet émigré espère-t-il, par la migration, confirmer son moi alors même que l'immigration à venir le modifie en le rendant partiellement dépendant d'une certification juridique et en l'exposant, de ce fait, par l'attente qui en résulte et la possibilité d'une issue négative, à des blessures sociales et narcissiques particulièrement graves. L'émigration est en ce cas une tentative de confirmation de soi que l'immigration risque d'infirmer partiellement.

L'émigré qui quitte son pays pour des motifs économiques renonce à son *soi* pour des raisons de survie. Le déracinement engendré par l'appel du travail est *a priori* illimité car il engendre des pertes non compensées comme l'effacement des attaches, l'éloignement de son pays, la rupture du lien ordinaire avec sa langue, la géographie nationale (campagne, ville). À terme, c'est bien toute une forme subjective, la totalité d'une vie ordinaire qui se dérobe et devient indisponible, non pas comme une chose dont on manque et que l'on peut remplacer par une autre mais comme un manque qui manque en permanence, une vie interdite qui fait pression sur le genre de vie mené, revenant de façon spectrale, incarnée dans un corps défendu, *corps propre interdit*. L'émigration s'entend alors comme le revers de l'incorporation, une expérience d'étrangeté par laquelle le quotidien, le cours ordinaire d'une vie sont soudainement détricotés. L'étrangeté ne qualifie pas l'étranger mais le migrant qui s'en va et laisse derrière lui tous les plis vitaux incorporés dans le passé : émigrer, c'est ne plus s'appartenir, voir un nouveau *soi* émerger dans les limites de l'ancien *soi* et s'apparaître de ce fait comme un *témoin précaire* de soi-même.

Deux fois précaire

La précarité revêt ici deux significations. Elle surgit d'abord dans la fragilité du moi, dans son incertitude à pouvoir encore être soi. Si une vie se dissocie d'elle-même, devient une vie étrange qui ne coïncide pas avec soi-même, il faudra bien se demander si une telle expérience peut avoir une valeur ordinaire générique qui outrepasse l'expérience de la migration[1] : peut-on être étranger du seul fait de l'étrange qui fait intrusion dans une vie, mettant momentanément en cause la frontière entre vie et mort (la maladie) ou entre vie et survie (l'absence de travail) ? Une expérience de l'étranger est-elle possible par-delà la désignation de l'étranger ou se conçoit-elle à même la désignation comme ce qui l'outrepasse en faisant sens vers l'étrange ? L'éclatement du sujet étranger, précarisé comme sujet, procède de sa difficulté à faire coïncider l'avant et le maintenant, le temps de la vie dans le pays d'origine et le temps de la migration : l'émigré se vit en excès par rapport à lui-même. Sa subjectivité actuelle ne peut se déployer que dans la négation partielle de sa subjectivité antérieure. Certes, « elle » ou « il » peut vouloir, en voyageant vers un autre pays, rejoindre l'invivable du pays d'origine. Partir n'est-ce pas rester fidèle à cela même qui n'est plus possible à domicile ? Ne bascule-t-on pas dans le *hors-de-soi* par excès de fidélité au *chez-soi* ? Si émigrer, c'est se plonger dans

1. Ce sera le sens de notre chapitre VI, « Soi-même comme un étranger ».

l'attente d'une vie nouvelle, cette attente est conditionnée par la possibilité d'une issue heureuse mais incertaine. La vie émigrée est une vie précaire car elle relève à la fois d'une expérience de l'incertitude, de l'excès du *soi présent* sur le *soi passé*, et de l'espoir de juguler cet excès en le ramenant dans les formes du *soi passé*.

La précarité revêt une deuxième signification liée à la difficulté de témoigner. L'émigré n'est pas seulement un *partant* incertain, il est aussi un *parlant* improbable qui peine à dire ce qu'il vit réellement. Tout d'abord, parce que les oreilles capables de prendre son récit en considération se raréfient avec la disparition physique du cercle de la famille et des proches : « *Vous* n'êtes plus là pour m'écouter. » Ensuite, parce que la migration fonctionne selon le schéma d'un récit obligé – partir travailler pour les siens – construit par les *restants* mais aussi par les *revenants* qui, chacun à sa manière, fixent le cadre d'intelligibilité du récit de la migration en construisant une logique narrative audible et susceptible d'être transmise à d'autres *partants*. Pour la femme ou l'homme qui revient au pays, comme pour ceux qui ne l'ont pas quitté et qui vivent au rythme des envois financiers du *partant* et de ses retours programmés, il existe une version déclarée du voyage vers l'autre pays, un récit attendu, sans cesse à revalider, un genre du récit de la migration que les migrants doivent respecter s'ils veulent continuer à s'inscrire dans la communauté nationale d'origine. Enfin, l'expérience de l'émigration – expérience de l'incertitude – va de pair avec l'attente d'une nouvelle langue ou d'un nouveau rapport à sa propre langue (pour les migrations d'un pays anglophone vers la Grande-Bretagne ou les États-Unis, d'un pays francophone vers la France…) : l'émigré n'est pas encore entre deux langues comme il n'est pas encore entre deux cultures ou deux pays (ce sera le lot de l'immigré) mais, en engageant un rapport fort à l'avenir, il hypothèque déjà sa propre langue, en falsifie le cours pour s'autoriser la venue d'une nouvelle langue.

En ce sens, l'émigré est contraint de renoncer à soi pour préserver ses chances sociales. Ce renoncement à soi ne prend pas le sens d'une demande de renoncement que le sujet migrant s'adresse à lui-même, il est plutôt vécu comme la conséquence d'une seconde chance, la possibilité de recommencer non pas une nouvelle vie mais de conduire autrement sa vie. L'émigration rencontre ici la possibilité de la *tabula rasa*. Est-il vrai que « l'une des illusions les plus courantes chez les adultes est la croyance en l'existence de secondes chances[1] » ? Quel lien peut-il exister entre renoncement et seconde chance ? En réalité, c'est la nécessité de l'irréversible qui est enrayée par le migrant. Partir revient, en effet, à annuler la causalité sociale dans laquelle se trouve plongée une vie. Le renoncement à soi n'équivaut qu'à un renoncement aux conditions sociales dans lesquelles le *soi* se trouve situé. Dès lors, la croyance en l'existence d'une seconde chance est moins une illusion que la version imaginée d'une possibilité concrète, le *départ*, dont les effets sont l'engendrement actif de formes de désaffiliation (vis-à-vis des groupes sociaux d'origine et même de sa famille) et le déplacement des liens affectifs. Le *renoncement à soi* ne signifie donc pas négation de soi mais désir irréductible de *seconde chance* que la référence à l'ancienne vie ne peut plus contenir. La mélancolie du renoncement à soi n'est

1. John Berger et Jean Mohr, *Un métier idéal. Histoire d'un médecin de campagne*, trad. de l'anglais par Michel Lederer, Paris, Éd. de l'Olivier, 2009, p. 121.

donc pas définitive car il peut être considéré comme seul à même d'engendrer le nouveau *soi* de l'émigré par-delà les frontières de l'ancien *soi* et d'enclencher ainsi le pacte magique avec soi et les autres, susceptible de faire revivre, par-delà l'expérience de l'absence, l'ancien monde. L'émigré semble alors devoir renoncer à soi pour le préserver comme il doit renoncer aux siens pour les préserver, comme il doit renoncer à son pays pour le préserver.

Comment comprendre cette logique du renoncement ? *Renoncer* et *préserver* ne s'excluent pas, bien au contraire. L'émigration peut ici être pensée comme *attachement* à son pays par-delà son pays, attachement aux siens par-delà les siens, attachement à soi par-delà son propre moi. Elle correspond en effet à la fois à une vie à soi dans la vie des autres et à une vie des autres dans la vie de soi d'une nature telle que leurs relations ne peuvent être préservées que par le départ. Il ne s'agit pas ici d'affirmer que la vie du migrant était une vie pleine et que la migration a consisté en une annulation de cette plénitude. Comme toute vie, la vie ancienne du migrant est une vie dans le négatif, exposée à *l'à-côté*, voire aux bas-côtés. Il faut affirmer au contraire que l'émigrant manque de son pays, des autres et de *soi* dans la migration elle-même. La migration est une issue au caractère invivable du pays d'origine mais en aucun cas elle n'est une issue au pays d'origine lui-même. Aussi l'émigrant emporte-t-il son pays avec lui même lorsqu'il veut y échapper explicitement. Le réfugié politique qui fuit Cuba agit au nom d'un autre Cuba. La migration abolit moins le pays que sa forme nationale spécifique, c'est-à-dire non seulement son devenir-nation mais aussi son devenir national.

La vie hors de soi

Émigrer, c'est dès lors moins renoncer à soi que vivre hors de soi, c'est-à-dire exister dans un rapport *troublé* à soi. Il existe différentes façons de vivre hors de soi, et il est possible d'affirmer que toute vie est hors de soi[1], dépendante d'autres vies, vulnérable, prise dans le filet des normes sociales, des relations de pouvoir et des procédures de reconnaissance. Les vies sont hors de soi à la fois parce qu'elles sont conditionnées positivement par des supports sociaux extérieurs et parce qu'elles sont précarisées dans l'attachement à ces supports et qu'elles peuvent être blessées par des sujets violents, proches ou lointains[2]. De ce fait, la vie hors de soi peut valoir, jusqu'à un certain point, comme condition d'une vie à soi, ensemble de procédures de stabilisation familiale, intersubjective et sociale. En optant pour la migration, la vie hors de soi de l'émigré en vient à manquer de ces procédures, elle défaille du fait de l'absence de toute confirmation sociale, de procédure légitime de validation des existences (juridique, politique ou économique). Seulement cette défaillance n'est pas le fait du hasard, elle porte avec elle une critique virulente des modes de construction de la nation d'origine. Car les modalités nationales de confirmation d'une existence n'opèrent pas comme des garanties suffisantes pour le développement d'une vie. Elles sont impuissantes à venir à bout de la misère économique qui

1. Cf. Guillaume le Blanc, « La vie hors de soi », in Fabienne Brugère et Guillaume le Blanc (dir.), *Judith Butler. Trouble dans le sujet, trouble dans les normes*, Paris, PUF, 2009.

2. Cf. Judith Butler, *Vie précaire. Les pouvoirs du deuil et de la violence après le 11 septembre 2001*, trad. de l'anglais par Jérôme Rosanvallon et Jérôme Vidal, Paris, Amsterdam, 2005.

emporte les vies vers d'autres territoires ; plus encore elles précipitent les vies dans la misère et les conduisent à rompre le lien national dans la migration. Ou bien elles retiennent les existences dans la terreur politique et toutes les subjectivités récalcitrantes sont dès lors mises au ban de la société au point que leur seule possibilité, très souvent, est l'exode. Les opérateurs de la construction de la nation jouent ainsi le rôle de foyers de confirmation ou d'infirmation des existences qui les qualifient ou les disqualifient, les poussent à rester ou les conduisent à partir.

Aussi la vie de l'émigré rompt-elle avec les principaux supports nationaux de justification d'une vie. Elle interrompt le processus de construction de la nation, établit une brèche en elle, qui laisse deviner, par contraste, les artifices sur lesquels elle repose. L'émigré dénaturalise sa nation d'origine en exhibant les artifices du *national*. Il est, à son corps défendant, un sujet qui désaccorde la nation, la dérange, en donnant à voir ses petits arrangements. L'émigré ne se contente pas de sortir de la nation, il en exhibe le caractère maléfique, tout ce qui retourne la vie contre elle-même, la fragilise. Aussi décontenance-t-il la nation dans la mesure où il refuse que sa vie se moule dans les formes nationales. L'individuel excède le national, mais cet excès n'est pas un excès de la vacuité subjective : il critique les figures de la nation et refuse les formes hégémoniques de la sujétion nationale. C'est pourquoi le *partant* est toujours un malaimé et, de ce fait, un ennemi potentiel de la nation d'origine. En refusant de se loger dans le *chez-soi* de la nation, il suggère que celle-ci ne peut le contenir, ne peut l'héberger. Le déplacement équivaut alors à une critique des placements nationaux ; loin de renvoyer uniquement à une subjectivité errante, insatisfaite des conditions qui lui sont faites, il établit la possibilité d'un *regard éloigné* porté sur les formes hégémoniques qui font la nation. La nation se trouve ainsi, à la lueur des déplacements qu'elle ne peut contenir, exhibée comme instance fabricatrice, ensemble de procédures, construction historique. Elle cesse de renvoyer à la naturalité d'un peuple ou d'une terre pour se faire frontière, ensemble de signes distinctifs qui la produisent comme nation. La nation, en effet, n'existe qu'en étant réitérée comme nation. Elle n'est pas un contenant englobant ses sujets mais une séquence de performance politique. La répétition des marqueurs de la nation est une condition de son existence. C'est l'itération qui produit la nation en la reproduisant. Par contraste, le *partant* ne se contente pas de passer par-delà l'englobant de la nation, il ne troue pas seulement le placenta de la nation, mais décontenance les normes nationales en soulignant qu'elles existent en tant qu'elles sont réitérées. L'émigrant est un interrupteur de nation : il en révèle l'ossature et la fait apparaître comme construction réitérée plutôt que comme nature silencieuse. Et cette construction, le déplacement de l'émigrant la critique.

L'émigré politique

Quels sont les ressorts de cette critique ? Il faut s'intéresser ici aux motifs du déplacement. Celui-ci n'a pas le même sens selon que l'émigré fuit la misère économique ou qu'il est malmené par un régime politique. Dans ce dernier cas, l'émigration tient lieu de critique explicite et non plus seulement implicite – fuir son pays qui n'est pas capable d'assurer sa survie économique. Elle définit une évaluation portée sur la nation par un sujet qui entend s'y soustraire. Seulement cette critique tend, par définition, à être réduite au silence dans le pays natal. Elle passe pour une *déviation* illégitime qui est alors pathologisée ou criminalisée : la critique ne peut émerger parce qu'elle porte avec elle un potentiel de contestation de l'ordre établi. L'impératif national selon lequel « *il faut défendre la société* » implique de rendre invisible la subjectivité récalcitrante en la marginalisant.

Le futur émigré politique qui conteste certaines des formes hégémoniques de sa nation, apparaît dans son propre pays comme *déviant*. Avant même d'être contraint à l'exil, il n'a déjà plus de place dans la nation car il est considéré comme perdu ou égaré.

> « Perdu » pour son groupe et pour lui-même, pour lui-même parce que « perdu » pour son groupe, il a « déserté » sa communauté, n'est plus d'aucun profit – matériel ou symbolique – ni pour lui-même ni pour les siens. Il est « l'égaré » au sens propre et au sens figuré […] : le fait de se « perdre » dans un monde physique ou humain inconnu, hostile, où on ne peut se retrouver, s'orienter […] faute d'avoir les catégories nécessaires pour cela[1].

Sayad présente l'opération de désinvestissement de la nation à l'endroit de l'émigré comme une opération de reprise en main par la nation du potentiel critique du futur émigré. Ce dernier n'est pas nécessairement celui qui manque des catégories nécessaires pour s'orienter dans la communauté nationale et dans les groupes qui la constituent, mais il est, en tant qu'opérateur critique de la nation, celui qui désamorce activement ces catégories, les rend contingentes en contestant leur universalité.

1. Abdelmalek Sayad, *La Double Absence*, *op. cit.*, p. 151.

Partir, dans ce contexte, équivaut à une ultime opération critique face à un pays qui délégitime le potentiel critique. Émigrer revient en effet à poursuivre la critique sous d'autres formes. Cette forme particulière de l'émigration que Sayad évoque sous la figure de l'« émigré militant[1] » rompt avec le monde ordinaire des sujétions tacites et incorporées. Il s'agit là d'une émigration radicale, souvent le fait de personnes seules, d'une rupture physique à l'égard du pays qui confirme les ruptures entamées dans le pays lui-même : on peut amorcer son émigration dans son propre pays et se trouver délibérément *hors du commun*, en position de désapprendre les enseignements nationaux et de les exposer dans une *autre nation* de façon critique.

L'émigré politique est ainsi en rupture avec l'émigré misérable qui quitte son pays sans rompre les liens qui l'unissent à lui. La première émigration est *anomique* : non seulement elle rompt le pacte national, mais elle subvertit les normes de la nation ; la seconde est *normale* : elle prolonge dans une certaine limite non le pacte national, mais les arrangements empiriques qui le réalisent en autorisant la mise en place d'une économie parallèle nécessaire au maintien de l'économie nationale. La première consacre « la rupture plus ou moins explicite qui était à son principe[2] » tandis que la seconde maintient les liens nationaux en assurant la survie des groupes domestiques (familles, villages). L'émigration est alors ou bien une critique qui troue l'ordre de la nation, ou bien une clinique de la vie ordinaire ; elle vaut comme geste subversif ou comme forme extraterritoriale de résilience.

1. *Ibid.*, p. 148.
2. *Ibid.*, p. 153.

Dans le premier cas, l'émigré est lui-même conduit à vouloir se définir comme demandeur d'asile : il entend signifier que son déplacement est engendré par le mal politique dont il souffre, mais dont souffrent aussi les autres sujets de la nation. L'émigré, en prenant la décision de quitter son pays, n'est pas encore un réfugié ; il ne pourra l'être qu'au terme d'une demande d'asile accordée par le pays d'accueil pour des motifs politiques. S'il souhaite pouvoir bénéficier du statut de réfugié, c'est qu'il se pense comme une victime de la nation d'origine. Cette notion de « victime », qui conditionne la possibilité de la demande d'asile, ne correspond pas à un statut défini. Au contraire, se vivre comme victime d'un régime, c'est se trouver assigné au « nulle-part », à l'absence de lieu, à l'invisibilité. Un régime, en effet, en réitérant en permanence ses opérateurs actifs, ses sites hégémoniques, ses foyers de pouvoir, contraint non seulement à des formes d'assujettissement, mais plus encore fait passer ces sujétions pour naturelles. Naturaliser l'assujettissement est une caractéristique de tout pouvoir, mais cette caractéristique est démultipliée quand la possibilité de la critique est inexistante. Ainsi, être victime d'une épuration ethnique, d'un traitement psychiatrique abusif du fait de ses mœurs, de tortures en raison de ses opinions politiques, d'enfermements arbitraires, c'est être rendu invisible comme sujet victimaire, c'est buter sur l'impossibilité de faire valoir la consistance de la catégorie de victime. Les victimes de l'épuration ethnique serbe, chassées de leur village, et dont les maisons sont brûlées, sont des migrants disqualifiés comme victimes, contraints à errer de village en village ou de région en région, avant de surgir comme d'éventuels émigrés qui se déplacent hors de la nation d'origine pour en contester les modes de fabrication. Aucune place n'est accordée à la victime politique dans les régimes dictatoriaux. Par définition, la victime est un sujet inexistant du fait de la naturalité promise de la nation : surgir comme victime, contester cette inexistence, c'est alors dénaturaliser les cadres nationaux et contester les foyers de l'hégémonie. La victime ne devient visible qu'en s'exhibant comme telle. Le déplacement hors de la nation n'est pas la seule modalité de cette exhibition, mais il la révèle et la rend audible. Il existe certes des zones internes de contestation liées à des espaces périphériques, marginaux, mais l'émigré qui se définit comme victime peut construire à l'extérieur des frontières de la nation le discours critique qui, à l'intérieur des frontières, pourra se propager à travers des canaux alternatifs.

Seulement, cette victime, quand existe-t-elle ? Dans le pays d'origine, elle est rendue invisible. Dans le pays de destination, elle est inaudible tant qu'elle n'a pas le statut de réfugié. Ainsi l'émigré, afin de pouvoir exister en tant que victime, prend-il le statut de demandeur d'asile en immigrant. Mais qu'est-ce qu'un demandeur d'asile ? Un émigré qui a déjà immigré et qui est entré dans une chaîne juridique faite de dossiers et d'attente, au terme de laquelle la demande d'asile peut être refusée et conduire à l'expulsion ou à une autorisation provisoire de séjour d'un an ou moins ? Un étranger qui n'a pas encore émigré et qui s'apprête à le faire en fonction d'un motif de demande d'asile ?

L'émigré misérable

Dans tous les cas l'émigré est un sujet fantomatique voué à disparaître sous la logique de l'immigration. Penser l'émigré suppose de penser l'origine de sa migration plutôt que sa seule destination. L'émigré quitte une terre, une culture, une langue, sa famille, ses amis. Il tend lui-même à devenir un membre fantôme aux yeux de l'immigré qu'il deviendra dans la société de destination. Une vie se retire de la possibilité d'être dite, de la possibilité aussi de peser sur sa famille, ses amis, sa culture, autrement que par la force de travail qu'elle est devenue dans la logique de l'immigration. Certes l'émigré est un futur travailleur, une main-d'œuvre souvent peu qualifiée, souvent exploitée, mais à l'origine l'émigré est d'abord un misérable qui est contraint de quitter son *chez-soi* pour assurer la survie de tous les siens. Souvent tributaire de ses compétences propres (sens de la débrouille, des langues, du contact), il est, parmi les miséreux, l'élu qui doit partir, qui ne peut pas rester *chez soi*. Le migrant est présenté comme un sujet de désir qui quitte son *chez-soi* par rêve d'*ailleurs*, mais rarement comme un sujet *contraint* de partir en vertu d'une décision collective : il est donc moins un sujet de désir qu'un sujet pris dans la logique des économies domestiques.

> Qui envoie-t-on au marché pour acheter ou vendre ? Tu envoies celui en qui tu as confiance. Tu n'envoies pas un enfant qui peut « se faire rouler » […]. La France c'est comme le marché, c'est un autre marché, un grand marché […] qui dure plus longtemps, pas une journée, mais des mois et des années. Plus le marché est lointain, plus il faut prendre des précautions[1].

L'émigré, quand il est miséreux, doit renoncer à son *chez-soi*, à la part qui lui revient. Il devient ainsi un *sans-*

1. Un ancien émigré, soixante-treize ans, onze années passées en France entre 1934 et 1957, in Abdelmalek Sayad, *La Double Absence*, *op. cit.*, p. 61-62.

part dont la vie est désormais expulsée de son *natal*. Il continuera à porter sa culture, sa langue et ses liens en son corps, mais ce corps est un corps de nulle part voué au déracinement. Comme l'ouvrier contraint à quitter sa campagne pour alimenter les industries en chair humaine qu'évoque Simone Weil, l'émigré miséreux est un *sujet maudit*, déraciné malgré lui, dont l'existence est scindée entre une existence essentielle mais absente, retirée dans le lointain de la terre perdue, et une existence inessentielle mais présente, abîmée dans la survie économique d'un travail clandestin. L'émigré miséreux endosse l'habit de l'immigré travailleur et perd progressivement son existence essentielle, qui devient fantomatique, au profit d'une existence qu'il ne peut plus partager qu'avec d'autres qui se trouvent dans la même condition que lui : des désaffiliés, des *dénationaux*.

Migrants perpétuels

Le passage de l'émigration à l'immigration n'est cependant pas automatique. Il est conditionné par le sort que le pays d'origine réserve aux migrants. Immigrer, c'est pouvoir momentanément abolir sa condition d'émigré (qui cependant fait constamment retour dans l'immigré lui-même, *lire plus loin*), mais c'est également pouvoir abolir sa condition de migrant. L'immigré va, en effet, au-delà de l'émigré par la possibilité qui est la sienne de trouver une place minimale dans le pays de destination ; il n'est plus alors seulement un être déclassé, il devient aussi un être à la recherche d'un nouveau classement. Mais cette nouvelle condition sociale souhaitée par l'immigré dépend largement des formes de justification sociale qui lui sont proposées : elle repose sur des normes dont l'incorporation ne dépend que très peu du sujet émigré. De fait, l'expérience de l'émigration bute le plus souvent sur une fin de non-recevoir dont la forme la plus radicale est l'expulsion mais qui se traduit plus couramment par un statut intermédiaire, celui de migrant perpétuel, alimentant un nouveau *précariat* particulièrement exploitable par le pays de destination. L'émigré est, dans ces conditions, moins un immigré assuré de sa position qu'un *immigré précaire*, ni tout à fait dedans, ni tout à fait dehors, assigné à la marge dans le pays qui le *reçoit*, une marge qui ne correspond à aucune réalité juridique. L'étranger n'est plus un émigré-migrant mais il n'est pas encore un immigré-émigré : il est devenu un immigré-migrant, incapable de trouver un *chez-soi* faute de statut juridique. Le migrant est un *déplacé* qui n'est pas parvenu à se replacer, un *déclassé* qui n'est pas parvenu à être reclassé. Voué à l'entre-deux, il se perçoit comme un sujet qui a perdu les conditions nationales de viabilité d'une vie, tant du côté de son pays d'origine que de son pays de destination.

Vies migrantes, vies déplacées :

Xiaoli Lin vit en Chine, elle est la troisième fille de la famille et apprend un jour qu'elle doit partir de chez elle. Elle prend l'avion avec d'autres filles, voyage plusieurs jours en camionnette et se retrouve dans un atelier de couture de Paris, sans papiers, enfermée à clef au sous-sol, ne voit plus la lumière du jour pendant sept mois, s'évade, se retrouve à Dunkerque, se rend à l'hôtel de police, s'inscrit à un CAP vente, puis à un BEP, reçoit une obligation de quitter le territoire, puis un titre de séjour provisoire, puis seulement des autorisations de séjour provisoires de trois mois, renouvelables.

Li Mao Chen, élève en BEP restauration, arrivé en France à dix-sept ans, après sa mère, vit dans un atelier du Sentier avec les machines à coudre, et reçoit en mars 2007 une obligation de quitter le territoire en réponse à sa dernière demande de régularisation. Il est arrêté dans un restaurant chinois où il fait la plonge et placé en garde à vue, puis finalement libéré après avoir été placé au centre de rétention de Vincennes.

Fatou Kane, née au Sénégal, est mariée en 1999 au consulat de France de Dakar par ses parents à un Français pour la somme de 1 500 euros. À dix-huit ans elle doit arrêter ses études et vivre dans un appartement à Lyon avec son mari qui demande le divorce deux ans plus tard alors qu'elle est sur le point d'obtenir sa régularisation. Depuis on ne lui octroie que des titres de séjour de trois mois renouvelables[1].

L'intégration peut être réelle, comme le montrent ces récits de vie, mais elle est toujours hypothétique car l'idée même du séjour dans le pays de destination est rendue précaire faute de titre de séjour. Être sans toit, ce n'est pas nécessairement être *homeless*[2], mais c'est être sans titre de séjour, c'est-à-dire non seulement déplacé mais plus encore déplacé dans le déplacement lui-même. Le déplacement du migrant ne mène jamais à une place assurée dans le pays de destination. La possibilité du séjour se dérobe avec le déplacement car le titre juridique qui la conditionne est souvent refusé ou temporaire. *Habiter* signifie avoir la possibilité d'un titre de séjour. La possibilité du *chez-soi* dépend ainsi de formes juridiques sous-jacentes au *chez-soi*, qui sont invisibles

1. Ces récits de vie sont tirés du livre *Cette France-là*, *op. cit.*
2. Cf. Freek Spinnwijn, *L'Europe des sans-abri*, Paris, Rue d'Ulm, 2008.

pour le natif relativement assuré de sa vie ordinaire mais qui font écran pour celui qui, se trouvant déplacé, n'est plus en mesure d'avoir l'assurance d'un *chez-soi*.

Un basculement dans la conception de l'intégration dramatise plus encore la logique de la migration. Si la création en France, en 1984, de la carte de résident, valable dix ans et renouvelable automatiquement, a contribué à stabiliser l'immigré(e) en lui conférant un titre de séjour compatible avec une idée forte de l'intégration, la remise en cause de sa délivrance a renforcé l'insécurité juridique et sociale de l'immigré(e). Les différents changements intervenus dans le dispositif ces dernières années, ainsi que la loi Hortefeux de 2007, ont défait le rapport séjour-intégration. Là où la carte de séjour devait permettre une meilleure intégration, ce sont désormais les « gages d'intégration (faire la preuve de son intégration républicaine dans la société française) » qui, seuls, permettent « d'obtenir la carte de résident »[1]. La conséquence directe est que plus personne, à l'exception des réfugiés, n'obtient de carte de résident de plein droit, pas même les conjoints des Français, des parents d'enfants français, des enfants entrés en France avant l'âge de dix ans, etc. ; la conséquence indirecte est la suspension même de l'idée de séjour et par extension la possibilité d'habiter.

L'étranger tend ainsi à être un migrant perpétuel[2], en déplacement jusque dans le pays d'accueil lui-même. Faut-il dire alors que l'altérité de l'étranger se construit sur cette permanence de la migration ? Est-ce là le texte caché de

1. « Aux frontières du droit, les migrants », entretien avec Danièle Lochak in *Geste*, Paris, automne 2008, n° 5, p. 19.

2. Danièle Lochak, *Face aux migrants. État de droit ou état de siège ?*, Paris, Textuel, 2007.

l'étranger, qui fait sens par-delà la désignation qui le marginalise ? Pourrait-on faire de cette expérience une épreuve positive capable de briser la désignation ? À l'extrême limite, il est possible d'imaginer une forme de l'étranger radical, ni immigré, ni émigré, ayant conquis avec la migration, mais aussi par-delà la migration, un *ethos* de l'indépendance et de la connaissance.

> Étranger, c'est-à-dire membre de cette catégorie privilégiée à laquelle les vrais immigrés n'ont jamais accès, et qui peut, dans le meilleur des cas, cumuler les avantages liés à deux nationalités, deux langues, deux patries, deux cultures[1].

La vie étrangère peut produire un scepticisme du *détachement* associé à la liberté du redoublement d'une langue par une autre langue, d'une culture par une autre culture.

Si l'exil « peut affûter le regard sur le monde[2] », les conditions sociales de sa réception restent le plus souvent de l'ordre de l'exclusion. En France, l'étranger hors communauté européenne n'a pas droit de vote à quelque élection que ce soit. Le déplacement opère comme un déclassement. Comme si le fait de quitter une nation pour en rejoindre une autre signifiait la fin de tout pacte national, la plongée dans l'état apatride. C'est que se déplacer revient à perdre son classement national d'origine : la place sociale, l'inscription du sujet dans une famille, les contraintes des milieux sociaux – professionnel, culturel – non seulement ne s'exercent plus (du moins directement, c'est-à-dire en

1. Pierre Bourdieu, « Préface » à Abdelmalek Sayad, *La Double Absence*, *op. cit.*, p. 10.
2. Edward W. Said, « Introduction : critique et exil », *Réflexions sur l'exil et autres essais*, *op. cit.*, p. 37.

s'incorporant), mais l'autorité des instances nationales de certification d'une vie semble s'évaporer.

Cette sortie équivaut à une expulsion. Car le déplacement n'est supporté ou encouragé qu'à la condition *expresse* qu'il serve les classements nationaux : le voyage d'affaires, la mobilité professionnelle reposent sur une économie nationale dont le développement nécessite la fluidité de ses membres. Par contraste, la victime politique et le misérable conditionnent leur départ à la légitimité du déplacement, qui est évaluée en fonction d'une critique implicite des classements nationaux. Dans le premier cas, c'est le gouvernement politique de la nation d'origine qui est remis en cause par le franchissement clandestin des frontières. Dans le second cas, ce sont les manquements d'une nation qui sont révélés par la décision de trouver du travail *ailleurs*. De ce fait, le déplacement du migrant est rarement autorisé par le pays d'origine : il revient à une critique telle que la réponse générale est un désintérêt de la nation d'origine pour ses migrants qui confine au *discrédit*. La nation retire sa confiance au migrant ; il ne l'intéresse plus. Le migrant est, pour ainsi dire, *dénationalisé* et cette *dénationalisation* équivaut à une fin de non-recevoir, à une impossibilité de revenir dans le pays d'origine : le retour, quand il a lieu, n'en est pas un. Le *partant-revenant* est marginalisé, menacé physiquement et psychiquement ou écarté, considéré comme un *paria*, un être définitivement de nulle part qui a menacé les classements nationaux et qui doit donc payer. Le *partant-revenant* est ainsi doublement étranger : étranger au pays d'accueil, il devient également étranger au pays d'origine.

Immigré, donc étranger

L'immigré comme débarquant

Peut-on réellement devenir immigré ? L'immigré est une *personne* qui s'installe dans un pays étranger de manière durable ou définitive. Mais « immigré » est aussi un *statut* qui donne lieu à des prestations particulières comme la sécurité sociale en France. En réalité, cette conjonction tracée sur le papier est extrêmement hypothétique car elle repose sur une figure idéal-typique de l'immigré comme sujet pleinement inséré ; elle suggère que l'immigration procède d'une qualité d'insertion qui fait précisément défaut, faute de supports juridiques et sociaux suffisants.

L'immigré est en droit un sujet intégrable, en réalité un sujet précaire. Son existence à venir dépend théoriquement de sa capacité à contracter avec la nation de destination. En France, l'Office français de l'immigration et de l'intégration (OFII) présente à chaque étranger, depuis 2005, un Contrat d'accueil et d'intégration (CAI) signé par le préfet, représentant direct de l'État. L'article L.311-9 extrait du « Code de l'entrée et du séjour des étrangers et du droit d'asile » prévoit notamment que l'étranger qui est admis pour la première fois au séjour en France ou qui entre régulièrement en France entre l'âge de seize ans et l'âge de dix-huit ans, et qui désire s'y maintenir durablement, doit préparer son intégration républicaine dans la société française. Selon des modalités prévues par le décret n° 2006-1791 du 23 décembre 2006, l'étranger conclut alors avec l'État un Contrat d'accueil et d'intégration. Ce dernier vise à instaurer entre la France et les personnes désireuses de s'y installer durablement « une relation de confiance et d'obligation réciproque ».

Sur le papier, l'étranger est un *contractant* qui ne peut être accueilli par le pays de destination que s'il remplit les conditions de la bonne intégration. Ces conditions, qui sont notamment d'ordre linguistique (bien parler la langue) et économique (avoir un travail), permettent d'authentifier le contrat : le *bon étranger* est celui qui apporte une dot conséquente dans son union avec le pays d'accueil. C'est seulement sous ces conditions que les noces entre l'étranger et la nation élue peuvent être proclamées. Ces conditions restrictives montrent que l'immigration n'est jamais un acte singulier mais dépend largement de la politique des migrations. Par exemple, en France, l'Office national de l'immigration (ONI) fut créé en 1945 en vue d'attirer la main-d'œuvre nécessaire au développement du pays, avant d'être remplacé en 1988 par l'Office des migrations internationales (OMI), organisme aux compétences élargies. Il faut noter que la logique nationale de l'immigration est certes dictée par l'utilité économique que peut apporter l'immigré, par sa valeur ajoutée au monde du travail, mais qu'elle est aussi de plus en plus sous-tendue par une référence à l'intégration qui redéfinit la notion d'accueil. Accueillir ne veut pas dire prendre l'immigré tel qu'il est – un émigré ayant quitté son pays – mais comme un sujet potentiellement vide, aux contours existentiels neutralisés, qui se signale seulement par sa capacité à s'annuler comme *sujet d'autrefois* pour se présenter comme *sujet d'avenir*. Cet accueil sous condition d'intégration permet à l'État de fixer un contrôle des flux d'entrées en distinguant l'étranger assimilable de l'étranger inassimilable. Seulement cette distinction varie selon les contextes nationaux et à l'intérieur d'une nation selon les critères retenus. En France, l'obtention d'un titre de séjour est dépendant d'un « corporatisme raciste[1] » qui entend préserver les emplois les plus réputés pour les nationaux en *disqualifiant*, notamment par le refus d'accorder un titre de séjour permanent, les étudiants étrangers diplômés d'une université française et qui peuvent justifier d'une offre d'emploi de la part d'une entreprise[2]. Plus largement, la sélection est opérée dans le cadre d'une politique de contrôle des frontières qui distingue le bon immigré (à intégrer) du mauvais immigré (à expulser) et qui refuse, au prix d'un désinvestissement à l'égard des flux migratoires qui peut être préjudiciable pour la nation contrôleuse[3], comme le souligne Patrick Weil, que l'immigré soit aussi un migrant ayant droit à l'aller-retour, pouvant venir mais aussi revenir chez lui.

Si l'immigré est en droit un *contractant*, il est en réalité un *débarquant*. Qu'est-ce qu'un débarquant ? Un sujet qui fait intrusion, c'est-à-dire qui décontenance la nation de destination. Tandis que le discours classique de l'immigration opère une réduction du phénomène migratoire en le définissant comme « simple déplacement de force de travail », il faut souligner au contraire qu'« immigrer c'est immigrer avec son histoire, avec ses traditions, ses manières de vivre, de sentir, d'agir et de penser, avec sa langue, sa religion, ainsi que toutes les autres structures sociales, politiques, mentales de sa société »[4]. L'immigré est un émigré souvent issu de pays pauvres ou de pays en

1. Patrick Weil, *La République et sa diversité*, Paris, La République des Idées-Seuil, 2005, p. 44.

2. *Ibid.*

3. Cf. Saskia Sassen, *Losing Control ? Sovereignty in an Age of Globalization*, New York, Columbia University Press, 1996.

4. Abdelmalek Sayad, *La Double Absence*, *op. cit.*, p. 18.

guerre et qui se trouve par conséquent pris dans un rapport problématique au pays dont il provient : ou bien il porte un pays qu'il refuse ou dont il refuse la situation (dictature, guerre), ou bien il porte un pays qui le refuse en le privant des ressources économiques minimales pour vivre. De telle sorte que l'immigré est à la fois dans son pays et hors de lui, jamais totalement dans la forme nationale qu'il a désertée, jamais totalement hors d'elle non plus. Il excède sa nation tout en continuant de la porter : il est à la fois le *pli* d'une histoire et d'une culture nationale et une *monade* errante, porteuse de son propre monde, désireuse de s'inventer à l'intersection des nations d'origine et de destination. L'immigré est un inventeur potentiel de cultures inédites, un fabricateur de modes de subjectivation nouveaux, même s'il reste avant tout un subalterne qui est privé de voix. Il offre, par ses modes de vie intempestifs et non réglés par le concert des nations, des ressources culturelles inédites propices à un travail de déconstruction des attendus racistes de la nation. Non seulement les ressources des autres cultures introduites par l'immigré peuvent « permettre ce travail de déconstruction[1] » et faciliter la création de nouvelles normes nationales, en droit plus ouvertes et accueillantes, mais plus encore, l'immigré ne peut pas être *assigné* à sa culture et à sa langue d'origine. Car l'immigré finit par considérer son émigration comme une vie à la fois présente et interdite, à la fois accessible et barrée. Pourquoi l'émigré surgit-il pour celui qui est devenu immigré comme une subjectivité indisponible ? Parce que son statut d'immigré

1. Mark Alizart, « Entretien avec Stuart Hall », in Mark Alizart, Stuart Hall *et al.*, *Stuart Hall*, Paris, Amsterdam, 2007, p. 55.

ne parvient pas à absorber la condition d'émigré qui est encore la sienne.

L'immigré comme résident provisoire

On peut en effet considérer l'immigré comme un migrant persistant qui n'est pas parvenu à résorber sa condition d'émigré dans son statut d'immigré. Si l'émigration ne disparaît jamais, c'est qu'elle nourrit pour l'immigré le thème de l'exil intérieur. L'immigré se découvre comme un sujet indisponible en son centre, un sujet tissé d'absence, impuissant à revenir vers l'ancien *soi*. Flotter dans son *moi* sans être en mesure de lui donner une trame narrative continue est l'un des premiers effets de l'immigration : le « soi » de l'immigré et le « soi » de l'émigré ne coïncident pas.

Si l'émigré peut, en maintenant ses relations avec ses proches, préserver un accès cohérent à soi, l'immigré, physiquement et psychiquement (mais aussi socialement et culturellement) tend à être déporté hors de ces relations. Celles-ci continuent à exister mais elles sont transformées par l'expérience de l'absence. Que signifie alors être un père ou une mère absent, un mari absent, une sœur absente ? Les retours au pays ne permettent pas de compenser cette expérience de la dissociation des *soi*. Ainsi d'une vie immigrée évoquée par Abdelmalek Sayad :

> Tu es venu en France pour quelque temps, tu fais comme si tu es là pour quelque temps, c'est du provisoire, mais une année après une année, voilà cinq ans, voilà dix ans, voilà vingt ans, voilà la retraite ! Quand tu fais le compte, c'est toute notre existence. Sur trente années [...], combien ils ont vécu, ce que j'appelle vécu – un mois sur douze, travailler onze mois pour vivre un mois [...]. Moyennant douze ans en douze mois,

l'émigré aurait vécu un mois, une année chez lui, le douzième[1] !

Cet immigré demeure émigré : sa vraie vie n'est pas dans le pays d'accueil mais reste dans le pays d'origine. Soit l'immigré vit une non-vie *dans l'attente* ponctuelle de la vraie vie dans son ancien pays (mais qu'est-ce que vivre en considérant sa vie comme une non-vie ?), soit il vit *dans l'espoir* que sa famille finira par le rejoindre, soit il vit des vies parallèles dont un pan reste interdit à ses proches. Aucun immigré ne parvient à maintenir son identité, si ce n'est sous forme de fragments d'une vie.

Il pourrait être tentant de dessiner sous ces brisures tragiques les contours à venir de la subjectivité du migrant moderne, enrôlé dans aucun pays, « engagé dans un perpétuel refus de toute inscription définitive[2] », désidentifié. Par-delà les désignations qui encapsulent les vies étrangères dans les statuts d'immigré ou d'émigré, surgissent des expériences de la migration qui en débordent le cours pour faire naître d'étranges inventions, partiellement imprévisibles. Comment se vivre migrant, c'est-à-dire de nulle part, alors qu'on est désigné immigré et émigré, au service des autres mais jamais de soi-même ? Peut-on se réapproprier de telles désignations pour en faire les motifs d'une expérience nouvelle ?

Être migrant revient précisément à excéder le cours des désignations, à surgir comme sujet non désiré, *paria*. L'étranger apparaît comme intrus inemployable, *vie inutile*, privée des liens communautaires qui la justifient et des

1. Abdelmalek Sayad, *La Double Absence*, *op. cit.*, p. 75.
2. Éric Macé et Éric Maigret, « Introduction », in Mark Alizart, Stuart Hall *et al.*, *Stuart Hall*, *op. cit.*, p. 22.

raisons sociales qui la distinguent. Une telle vie se révèle aux bords de l'invivable : elle s'excède de la désignation qui l'ostracise par le seul biais d'un effacement incontrôlé dont la condition est la privation de voix[1]. À l'extrémité de l'expérience, on trouve la figure du *migrant radical* qui est celle du *clandestin* qui finit par se trouver coincé entre deux frontières, dans l'incapacité d'aller où il voulait : les vies inemployées de la « jungle » de Sangatte mais aussi les vies en transit immobilisées dans les centres de rétention suggèrent *en apparence* que le migrant est bloqué dans sa course à la migration, alors qu'*en réalité* il est maintenu *à l'état de* migrant, ni immigré ni par conséquent émigré. Migrant est donc bien un état et non un statut, un *quelque chose qui arrive à quelqu'un* du fait que tout statut social lui est refusé, à commencer par celui, pourtant précaire, d'immigré. Le migrant n'est alors plus un sujet seulement mobile mais un sujet immobilisé dans son état de migrant en étant confiné à un non-lieu, une enclave juridique dans une nation. L'excès de la migration sur l'immigration et l'émigration relève donc bien d'une ultime construction sociale dont la logique tend à être dissociée de la production de tout statut pour faire surgir des sujets dénationalisés, acculés à la migration.

Car ce *migrant radical* est dès lors un *migrant perpétuel*, comme une vie prise dans le circuit quasiment autonome de la migration. Que se passe-t-il en effet pour le migrant qui demeure en zone de transit ou le clandestin qui finit par être *pris* et emmené en centre de rétention provisoire ? Un arrêté de reconduite à la frontière signe la trajectoire d'une expulsion funeste vers le pays d'origine et condamne le

1. Cf. Guillaume le Blanc, *L'Invisibilité sociale*, Paris, PUF, 2009.

migrant à la migration à perpétuité : *revenu* chez lui, il n'a guère d'autre possibilité que de *repartir*, parce qu'il n'est plus désiré chez lui et parce qu'il est mandaté par *les autres restés au pays* pour émigrer et procurer de nouvelles ressources économiques.

Reste le *migrant ordinaire*, celle ou celui qui a réussi à acquérir le statut d'immigré et à préserver celui d'émigré. Ces désignations souvent concurrentielles écartèlent la vie étrangère en des destins contradictoires. Comment se vivre *à la fois* immigré et émigré ? L'un peut-il surgir comme le prolongement de l'autre ? Peut-on être ainsi maintenu dans deux pays sans être réellement d'aucun d'eux ? Les accroches d'*ici* ne peuvent être les accroches de *là-bas*. Il en résulte une vie potentiellement désarrimée, qui reste migrante, sans attaches alors qu'elle n'est pourtant pas sans statut. Par où l'on voit que si l'expérience de la migration outrepasse la désignation d'étranger, l'étranger ne peut être aisément maître de son errance.

Un mode d'être *inattendu* ou *confirmé* de l'étranger peut-il éclore à l'intérieur de cette assignation à la migration qui est faite à l'immigré et à l'émigré ? Cette voie, pour délicate qu'elle soit, peut s'avérer féconde car elle nous contraint à explorer des possibilités vitales qui procèdent des étrangers subalternes et sont porteuses de perspectives inédites.

En effet, une fois désigné comme un *débarquant*, l'immigré se voit doté du statut de *subalterne*, ce qui conditionne activement sa marginalisation. *Intrus* dans la communauté nationale, l'immigré doit « rentrer dans le rang », notamment parce qu'il est perçu comme pouvant en sortir à tout moment (c'est le fameux « le bruit et l'odeur » prononcé par Jacques Chirac) : on s'emploiera dès lors à faire disparaître au maximum la subjectivité étrangère en tant que subjectivité rebelle, récalcitrante ou simplement non conforme, voire désorientée afin, le cas échéant, de pouvoir l'insérer, non pas l'accueillir mais la neutraliser comme subjectivité potentiellement infâme et l'accepter comme *résident provisoire*. Au mieux l'étranger aura accès à des protections juridiques et à un statut périphérique qui lui confèrent la possibilité d'un *chez-soi* nouveau, au pire il se trouvera pris dans la précarisation de son *chez-soi* et des supports juridiques qui conditionnent son émergence.

L'émigré ne loge pas totalement dans les habits de l'immigré. Peut-on mourir à sa propre nation sans mourir à soi-même ? Entre la pure disparition de l'émigré sous la figure de l'immigré, condition légitime, selon la nation de destination, de l'insertion de l'immigré, et le renoncement au statut d'immigré pour préserver son mode d'être émigré, il y a la place pour un bricolage qui mélange les formes nationales, pour une hybridation inventive qui maintient la posture magnifiée du migrant comme sujet de l'entre-deux. L'immigré est alors doublement un résident provisoire. Il est bien, en un premier sens du mot, non pas nécessairement un « sans-toit-ni-loi » mais un résident précaire dont le logement et les certifications juridiques tendent à rester provisoires ; plus qu'un visiteur (Ricœur) mais moins qu'un résident. À l'extrémité de cette vie provisoire surgit la vie interdite de l'immigré clandestin défini par l'absence de toit et de loi : vie interdite car sans autorisation de séjour. Surgissent aussi, de façon plus banale, toutes les vies des migrants précaires dont la liberté de circuler est soumise à des restrictions, à l'instar des Roms qui, ayant quitté la Roumanie ou les Balkans pour fuir la misère, se retrouvent relégués sur des terrains vagues, le plus souvent en zone polluée, loin du cœur des villes[1], et qui ne possèdent pas les titres juridiques que leur donne en droit leur appartenance à l'Europe : le décret de l'État français de 2007, promulgué sitôt après l'adhésion à la CEE de la Roumanie et de la Bulgarie, limite la possibilité de séjour en procédant à des mesures spécifiques pour la reconduite des Roumains et des Bulgares à la frontière ; le fait qu'au-delà de trois mois de présence, le droit de séjour soit subordonné à l'obtention d'un emploi, d'une assurance maladie et à des ressources suffisantes crée la catégorie d'*Européens expulsables*, qui soumet les Roumains et les Bulgares aux mêmes règles que les ressortissants hors Europe. Sont alors refusées les possibilités minimales du séjour, ensemble de propriétés sociales et juridiques sans lesquelles aucune intégration ne peut avoir lieu. La nécessité de solliciter une autorisation de travail préalable à toute embauche, l'obligation pour l'employeur (d'un CDI) de payer une redevance minimale de 190 euros à l'Agence nationale de l'accueil des étrangers et des migrations (Anaem), l'impossibilité de s'inscrire au Pôle Emploi sans un titre de séjour conjuguée à l'impératif d'avoir un emploi pour bénéficier d'un titre de séjour rendent l'idée même de séjour problématique et concourent à faire des Roms roumains et bulgares des *sujets européens indésirables*[2].

L'immigré est également résident provisoire en un second sens du mot qui n'est nullement métaphorique : il surgit comme une *figure en excès* sur son statut d'immigré. L'étude de la diaspora noire américaine par l'un des théori-

1. Lire à ce propos l'entretien avec le directeur du cirque tzigane Alexandre Romanès in *Politis*, n° 1049, p. 20.

2. En 2006, 6 000 des 24 000 personnes reconduites aux frontières étaient roumaines ou bulgares selon la revue *Politis*, *op. cit.*, p. 19.

ciens des études postcoloniales, Paul Gilroy, révèle que les immigrés subalternes ne forment ni un groupe monochrome privé de voix, ni même un groupe parlant d'une seule voix. Toute structure d'hégémonie qui marginalise des vies au point de les situer à la périphérie de la nation se laisse en retour menacer ou déplacer par des « tropes diasporiques[1] » et par des voix discordantes qui répondent activement aux conditions de vie qui leur sont faites, pour s'en accommoder, mais aussi pour les rendre plus favorables. Le migrant persiste, dans l'immigration, à rejoindre l'expérience de l'émigration qui est la sienne, mais il désaccorde de façon structurelle le double texte public et *autorisé* de l'immigré et de l'émigré en détournant les formes de vie *légitimes* des nations d'origine et d'arrivée. Le migrant invente *son* quotidien en posant des pièges dans le nid des normes nationales à partir du sabir ou des tropes pratiques qu'il bricole selon des logiques de détournement[2]. Le migrant, plus encore que quiconque, est un bricoleur précaire qui aménage une zone de vie dans un territoire miné par l'adversité.

Aussi, se définir, se penser ou se vivre comme résident provisoire n'équivaut pas seulement à se définir, se penser ou se vivre comme sujet lacunaire, mais implique également de produire des différences significatives et non réglées dans l'espace formalisé des identités nationales. L'immigré n'est ni un pur sujet *défaillant*, se laissant définir par sa vie dans les grands ensembles urbains et par la reproduction inadaptée et hystérique de ses conditions

1. Paul Gilroy, *L'Atlantique noir. Modernité et double conscience*, trad. de l'anglais par Charlotte Nordmann, Paris, Amsterdam, 2010.

2. Cf. Michel de Certeau, *L'Invention du quotidien*, Paris, Gallimard, « Folio », 1990.

d'origine[1], ni un *bricoleur total*, transformant toutes les adversités en chances de vie. Ou plutôt il est l'*un* et l'*autre*, au point que la figure de l'immigré misérable doit être corrélée à la figure de l'immigré diasporique qui manifeste une puissance d'agir et de penser irréductible.

Si le migrant peut ainsi être poussé à rejoindre le statut de résident provisoire qui lui est conféré implicitement par son statut d'immigré, il peut aussi être amené à affirmer cette résidence provisoire comme l'expérience d'une vacance dans les normes réglées des nations séparées. La question devient alors : quelle place faisons-nous à cette vacance ? À quelles conditions pouvons-nous l'accueillir comme occasion d'un renouvellement du cadre stéréotypé de la nation[2] ? Si, en règle générale, le problème de l'inscription de l'étranger dans la nouvelle nation est pensé comme un devoir qui nous incombe de faire une place à celle ou celui qui est sans place, il semble plus légitime de poser la question autrement : pourquoi l'hospitalité tend-elle à neutraliser la logique productive du migrant en le renvoyant à une place marginalisée (immigré) ou à la non-place de celle ou de celui à qui il faut alors faire une place ? Comme si le migrant n'était rien et que le sujet hospitalier devait le tirer de ce néant pour le ramener à la lumière. Il semble plus troublant, mais sans doute plus fécond, de considérer que l'existence du migrant est déjà productive de formes de vie qui demandent à être respectées (parce qu'elles déconditionnent également les normes nationales) plutôt qu'accueillies à proprement parler. Accueillir signifie faire une place à l'inté-

1. Pierre Bourdieu, *Algérie 60. Structures économiques et structures temporelles*, Paris, Minuit, 1977.

2. Voir chap. IV.

rieur d'un dispositif déjà existant. Considérer que le migrant est déjà là et excède toute logique nationale, y compris celle de l'accueil, c'est prendre acte de la possibilité bienheureuse d'une remise en cause du dispositif national dans ses constructions stéréotypées.

L'immigré comme travailleur

Si l'émigré est une personne précaire qui ne parvient pas à préserver son expérience de la migration, c'est que de toute part l'émigré est rabattu sur la logique de l'immigration. L'émigré comme misérable, parti dans l'illusion de vivre une vie meilleure, ne peut alors être qu'un immigré travailleur au statut incertain. De même l'émigré comme demandeur d'asile ne peut être qu'un réfugié qui a un statut juridique lui permettant de s'insérer. Jamais donc la vocation du migrant à se penser comme un déraciné ne peut être totalement prise en compte. Elle achoppe sur une logique de l'insertion selon un mécanisme national qui rejette toutes les expériences externalisées de l'émigré pour ne retenir que les compétences justifiables du point de vue de la nation de destination. Tout se passe comme si la vision nationale considérait que l'existence de l'immigré commence avec le seul franchissement des frontières : ainsi de la vision « franco-centrique des flux migratoires comme simple immigration qui ne connaît les Algériens que comme des "immigrés" sans attaches ni racines, dont l'existence commencerait en quelque sorte à la descente du bateau, à Marseille, ou de l'avion, à Orly[1] ». L'immigré n'est dès lors ni un émigré qui est parti de chez lui, ni un migrant qui

1. Pierre Bourdieu, « Pour Abdelmalek Sayad », *Esquisses algériennes*, Paris, Seuil, 2008, p. 359.

se situe entre deux pays, mais un sujet mobilisable en fonction des nouvelles formes de travail non voulues par les *nationaux*. « Un étranger, un immigré c'est fait pour travailler ; un immigré qui travaille pas c'est pour quoi ? À quoi ça sert ? Qu'est-ce qu'il fout ici[1] ? »

Il ne faut pourtant pas se hâter de stabiliser cette figure de l'immigré travailleur mais la complexifier depuis son point de départ. L'immigré n'a en effet cessé d'internaliser la norme du travail. C'est que sa migration est précisément liée à cette *essence manquante* qu'il essaie de rejoindre par l'émigration afin de cesser d'être l'émigré manquant de travail qu'il était initialement et de s'ouvrir les portes de la nation d'accueil. Ainsi, rapportée à une telle norme, la conduite de l'immigré ne peut apparaître que comme l'importation d'une force de travail absente sur place. L'émigré exporte sa force de travail pour pouvoir l'utiliser dans le nouveau pays. « C'est la définition de l'émigré constitué d'abord comme chômeur et, ensuite, comme chômeur qui émigre pour cesser d'être chômeur[2]. »

Qu'est-ce qu'implique le fait d'être ainsi marqué au fer rouge par la loi du travail ? D'abord qu'une vie peut être mortellement atteinte en ne parvenant pas à être justifiée faute de travail. Les migrations internationales signifient que les vies n'ont pas *également* les moyens de séjourner sur place et que le partage du travail relève d'une distribution inégale qui voue les uns à rester sur place et pousse les autres à partir. Ensuite qu'une vie peut être acculée à vendre son corps comme ultime force de travail. Les inégalités de classe et ethniques se combinent alors aux inégali-

1. Abdelmalek Sayad, *La Double Absence*, *op. cit.*, p. 77.
2. *Ibid.*, p. 20.

tés de genre. Elles contraignent les femmes à suivre leur mari en s'occupant des enfants et en demeurant elles-mêmes sans ressources et donc totalement dépendantes de la loi du mari, réduites à des tâches désocialisées ou déprofessionnalisées. Elles peuvent également acculer les femmes à s'émanciper dans leur propre pays d'origine de la double sujétion au genre masculin et à la misère, au prix de migrations dont l'effet risque d'être la vente de leur corps ; ces femmes peuvent aussi être poussées à se vendre de la sorte en vertu de la loi du genre qu'elles subissent dans leur pays d'origine, telle une réponse possible à la pauvreté. C'est que, comme le souligne Saskia Sassen, « la croissance du trafic des femmes peut s'expliquer du fait que les femmes y sont poussées par la pauvreté ou qu'elles se vendent à des agents en raison de la pauvreté de leur ménage[1] ».

Une nouvelle fois, c'est donc bien la sujétion à la loi du travail qui confère à la migration son aspect dramatique. L'étranger immigré est donc un anti-touriste. Tandis que celui-ci profite, grâce à son travail, d'un séjour à l'étranger, l'immigré fait de son *séjour* à l'étranger la condition *sine qua non* d'un travail.

On ne saurait cependant établir de causalité mécanique entre absence de travail, pauvreté et émigration / immigration. De nombreux pays dans lesquels la pauvreté et le chômage sont extrêmes ne sont pas des pays d'émigration et par ailleurs certains pays deviennent soudainement des pays d'émigration. La rationalité de l'émigration ne se laisse donc pas ramener exclusivement à la loi du travail, mais elle doit être élargie à d'autres causes comme le recrutement direct effectué par « les entreprises, les gouvernements, les agences

1. Saskia Sassen, *La Globalisation. Une sociologie*, *op. cit.*, p. 168-169.

pour l'emploi ou les trafiquants », comme l'interdépendance entre de nombreux pays sous l'effet de la globalisation des échanges économiques[1] et aussi la hausse de l'exportation illégale de main-d'œuvre. Toutes ces causes lient des pays d'émigration à des pays d'immigration et insèrent les sujets tendanciellement pauvres et précaires dans des circuits internationaux de la migration impliquant, comme le souligne Saskia Sassen, une « géo-économie des migrations[2] » qui finit par acquérir une autonomie relative.

La sujétion à la loi du travail n'est donc pas un enrôlement mécanique qui signifie le départ nécessaire des *uns* et le non-départ des *autres*. Elle est à comprendre plutôt comme le fait d'une logique en spirale qui aspire des sujets certes fragilisés mais souvent déjà *concernés* par la logique migratoire, soit parce qu'ils la côtoient dans leur propre univers familial ou chez leurs proches, soit parce qu'ils sont déjà inscrits ou prêts à être inscrits d'une manière ou d'une autre dans les réseaux d'immigration existants. Seule l'immigration ainsi comprise crée les conditions d'un statut d'étranger. La logique ordinaire est renversée : non pas étranger, donc immigré, mais bien immigré, donc étranger.

1. *Ibid.*, p. 142.
2. *Ibid.*, p. 143.

CHAPITRE III

Vies intraduisibles

Vies subalternes

L'étranger est l'un des noms que les textes publics élaborent pour désigner les subalternes, celles et ceux qui ne sont pas en position de redéfinir leur partition publique ou, du moins, de peser sur elle. Être subalterne, dans cette perspective, c'est être acculé à un ensemble de manières d'être qui sont sans effet sur les conditions dans lesquelles elles apparaissent. Ne pas pouvoir transformer ce qui vous transforme définit les conduites subalternes. Dans cette perspective, l'étranger n'est pas le seul à être un subalterne mais il est le seul subalterne à être à ce point altérisé par la désignation injurieuse dont il est l'objet. Le nom d'étranger confère au subalterne un signifiant inamovible qui construit une partition de la domination. L'étranger est celui qui ne peut s'appartenir, ne peut se rejoindre sous le nom « étranger » tant il est attendu et convoqué comme étranger par une série de désignations performatives. Il se sent dès lors non plus seulement en résidence surveillée mais se vit comme étranger à lui-même. Il en résulte que la subjectivité de la vie étrangère ne peut se divulguer que de manière cachée, oblique.

Ainsi émerge une séparation entre expérience et désignation que la distinction de James Scott entre « texte privé » et « texte public »[1] permet de mieux mettre en valeur. Selon James Scott, le subalterne, en tant que dominé, est celui dont le texte public, en fonctionnant comme le miroir du texte public des dominants (il renvoie le plus souvent l'image que les dominants veulent produire d'eux-mêmes[2]), occulte son propre texte privé – qui, pour être occulté, n'en est pas moins réel. Que signifie le fait que les subalternes ont un texte privé (tout comme les groupes dominants) ? Essentiellement qu'ils sont conduits à produire des comportements politiques non conformes aux attentes qui pèsent sur eux. Le dominé ne réside pas tout entier dans la domination qu'il subit. Il produit, sous certaines conditions de séparation, des conduites qui ne se laissent pas ramener au texte public qu'il est contraint d'honorer par ailleurs. Le texte caché représente moins un texte déviant qu'un texte à part dont la normalité procède de la cohésion culturelle interne au groupe des dominés.

Ce texte caché, composé de paroles, de gestes et de pratiques[3], est nécessairement un texte minoritaire tant il se développe dans les marges des pratiques légitimées de la domination dont le rôle est d'*autoriser* un statut des subalternes. Il n'en reste pas moins qu'il forme l'arrière-scène ou les coulisses du théâtre de la domination. Quelle est la caractéristique majeure du texte caché ? « Il consiste en des propos, des gestes et des pratiques qui confirment, contredisent

1. James C. Scott, *La Domination et les Arts de la résistance. Fragments du discours subalterne*, trad. de l'anglais par Olivier Ruchet, Paris, Amsterdam, 2009.
2. *Ibid.*, p. 32.
3. *Ibid.*, p. 28.

ou infléchissent, hors de la scène, ce qui transparaît dans le texte public[1]. » Les relations de pouvoir qui produisent, sous l'angle de la domination, les regroupements subalternes, sont à leur tour incapables de réduire au silence le texte caché des subalternes. D'un côté, elles le sollicitent comme une condition *sine qua non* de leur exercice : le texte caché règle l'usage endogène du texte public de la domination. Les ruses, dissimulations, écarts des subordonnés rendent *acceptable* le texte public de la domination qui peut sembler d'autant plus *naturalisé* qu'il se règle également sur des pratiques déviantes. D'un autre côté, elles ne peuvent tout au plus que contenir les textes cachés des subalternes en ne prêtant pas l'oreille aux voix qui les énoncent sous une forme travestie ou dissimulée. Le texte public non seulement impose son scénario aux textes cachés mais il manifeste un attachement sans faille à la voix légitime en jetant le discrédit sur les voix minoritaires et en les réduisant au silence. Le pouvoir s'approprie celle ou celui qui le conteste : ou bien il renverse le sujet dans l'altérité de la contestation, ou bien il présuppose que « le subalterne ne peut s'exprimer[2] ».

Les dominés n'ont ainsi pas la capacité de faire émerger une *voix alternative* face aux puissants et c'est pourquoi leur stratégie consiste, le plus souvent, à mimer, jusque dans la flatterie, l'image que les dominants donnent d'eux-mêmes dans le texte public qu'ils produisent pour asseoir leur domination. Cette reproduction mimétique du stéréotype par le subalterne crée les conditions d'un pastiche :

1. *Ibid.*, p. 19.

2. Gayatri Chakravorty Spivak, « Les subalternes peuvent-ils s'exprimer ? », in Mamadou Diouf (dir.), *L'Historiographie indienne en débat. Colonialisme, nationalisme et sociétés postcoloniales*, trad. de l'anglais par Ousmane Kane, Paris, Amsterdam, Karthala et Sephis, 1999, p. 229.

« Les stéréotypes sont dans cette perspective à la fois une source d'oppression et une ressource pour les dominés[1]. » Scott note que les esclaves parvenant à renforcer les stéréotypes d'un maître qui les considère comme des vauriens peuvent réussir à alléger les normes de leur travail. On voit là apparaître une ressource inattendue des dominés et s'intensifier un *art de la dissimulation* qui peut être, jusqu'à un certain point, un *art de la manipulation*. Honorer les rituels de subordination en naturalisant les stéréotypes à l'origine de ces rituels peut se révéler une source active de dissimulation par laquelle des sujets s'écartent en profondeur des normes dominantes tout en en respectant les signes les plus superficiels.

Le subalterne n'est donc pas sans *ressources propres* mais il est en revanche incapable de modifier le texte public de la domination. L'une des discussions qui s'imposent et qui conditionnent l'idée d'une politique des subalternes est bien la suivante : sous quelles conditions le texte public du subalterne et, par extension, du dominant peut-il être défait par son texte caché ?

Il faut ici entrer plus avant dans le rapport entre désignation et expérience. Il n'y a pas d'antécédence, comme cela a été dit, d'un mode d'être étranger sur la désignation. L'existence de l'étranger ne précède pas son essence, bien au contraire. L'étranger est aux mains de ce nom qui est tout à la fois un opérateur ontologique (il fait être) et un discriminant sociologique (il injurie).

D'un côté, la désignation d'étranger qualifie une vie dont l'altérité n'est repérée que pour être mieux lissée.

1. James C. Scott, *La Domination et les Arts de la résistance*, *op. cit.*, p. 48.

D'un autre côté, la désignation opère toujours comme une disqualification potentielle des régimes d'expérience de l'étranger évalués négativement par les illégalismes auxquels ils sont associés. Le nom d'étranger ne se contente pas de nommer l'étranger, il l'insère dans une politique de la langue dans laquelle il en est réduit à coller aux expériences d'intégration qui le légitiment alors même qu'il est sans cesse ramené aux expériences illégales qui achèvent de transformer le nom d'étranger en injure. L'étranger ne se contente donc pas de recevoir un nom. Il est engendré par le nom qu'il reçoit car toutes ses actions sont désormais orientées par une double valeur, celle, *positive*, de l'intégration, et celle, *négative*, de l'illégalisme.

Ainsi désigné positivement (l'intégration) et négativement (l'illégalisme), l'étranger tend à être privé de *quotidien* non parce qu'il est rendu inexistant mais parce que lui sont ôtées les réserves alternatives de son texte caché. L'étranger est alors sans ressources vis-à-vis de son propre texte. Car le texte caché des subalternes est refaçonné par les impératifs internes aux relations de pouvoir. Il ne forme pas une extériorité récalcitrante ou irréductible, un trésor privé qui serait soustrait aux formes de la domination. Comme le souligne James Scott, texte caché et texte public sont « des lieux de pouvoir et d'intérêts[1] ». Le texte caché des étrangers ne caractérise pas un ensemble de motifs privés que les vies ordinaires porteraient avec elles, séparément des relations de pouvoir qu'elles subissent. Il obéit à des contraintes endogènes qui maintiennent les groupes des étrangers dans l'ombre. Ainsi les gestes, les paroles, les pratiques cachés ne trament pas la rébellion silencieuse

1. *Ibid.*, p. 42.

et invisible des étrangers. Ils sont d'abord soumis à l'impératif de tenir bon à même les formes de domination qui s'exercent sur eux. C'est dire que leur portée est d'abord réactive : faire émerger de manière séparée un texte cohérent dont la valeur réside dans le fait de répondre aux pressions par des formes de contrôle réglant les conduites des groupes subalternes en maintenant leur invisibilité souterraine. C'est pourquoi le texte caché est le plus souvent de l'ordre de la dissimulation et de la ruse que de la contestation. Il équivaut non à un effacement mais à une pratique détournée du pouvoir.

Vies mimétiques

On voit par là que la désignation d'étranger ne se contente pas d'altérer les modes de représentation et de comportement culturel (public) des étrangers ; elle modifie également la façon dont les étrangers mobilisent leurs ressources culturelles les plus cachées pour faire face à une telle désignation. La logique identitaire peut ici recevoir une nouvelle signification. Les étrangers qui se regroupent par ethnies essaient de maintenir un texte caché cohérent. En se référant à des modes de vie culturellement attestés, à des pratiques spécifiques, grâce également à des types particuliers de surveillance (souvent exercés par le genre masculin sur le genre féminin), ils essaient d'assurer une cohésion interne corporelle, psychique et sociale dépendante du phénomène de la soumission. La soumission tend alors à créer le texte caché qui la sous-tend en canalisant les réserves culturelles et intimes des vies ordinaires sans lesquelles elle ne peut tout simplement pas être supportée.

La question est alors de savoir si les étrangers sont des subalternes comme les autres. Comment s'exerce la domination dont ils sont l'objet ? L'étranger n'existe pas en position neutre. Il vit aux bords du social, et son attache n'est jamais assurée, soit parce qu'il est sans papiers, soit parce qu'il attend un logement décent, soit parce que son travail n'est pas assuré (travail au noir, travail précaire, etc.). L'étranger subalterne (tous les étrangers ne le sont pas) rôde dans les parages de la vie sociale, en position satellite. Contrairement à l'ouvrier dominé mais relativement assuré de sa place, il est potentiellement soustrait aux différents classements sociaux et est donc dans l'impossibilité de participer à une lutte officielle des places.

La vie subalterne de l'étranger s'éclaire par là d'un nouveau jour. Être désigné étranger, c'est être contesté dans sa forme de vie, c'est se voir détaché de sa capacité à faire sienne sa vie. La vie subalterne de l'étranger est une vie en pointillé, dont les tracés ne peuvent plus se revendiquer aisément d'une quelconque lisibilité, une vie qui ne peut jamais s'appartenir tant elle est rivée à un impératif mimétique : d'un côté s'assurer de la conformité de son texte public aux attentes normatives ; de l'autre s'assurer de la conformité à un texte caché en réponse au coût que le texte public fait peser sur les vies.

L'étranger est écartelé entre un registre de l'altérisation qui l'éloigne de nous et un appel au mimétisme qui le rapproche de nous. Sur le premier versant, il tend à être l'autre irréformable, incorrigible, hors mesure. Sur le second versant, il tend à être l'autre presque identique, faisant varier sans danger la norme nationale, traduisant « le désir d'un Autre réformé, reconnaissable comme sujet d'une différence qui est presque la même mais pas tout à fait[1] ». L'étranger n'est *intégré* que pour autant que sont sélectionnées dans ses formes de vie les plus cachées de petites différences *exotiques* susceptibles d'être articulées à ce qui, chez lui, est admissible. Aussi le texte caché de l'étranger tend-il à être un texte entièrement colonisé au terme duquel le sujet étranger peut apparaître comme entièrement réformable, susceptible de voir l'hypothèque de la mention *étranger* être levée.

Vies à la bordure

Centre et périphérie

Ainsi, rien ne va moins de soi que la possibilité pour l'étranger de s'appuyer sur sa propre partition culturelle pour contester les formes les plus intenables de la domination dont il est l'objet. La partition culturelle de l'étranger est sans cesse ramenée à des stéréotypes exotiques admissibles qui ne sont le plus souvent que des attributs néocoloniaux sélectionnés dans la panoplie des clichés des vies étrangères. Il en résulte une scission entre ce qui peut être exposé (tout en étant travesti par la stéréotypie qui sélectionne l'attribut *exotique*) et ce qui circule souterrainement dans les formes de vie ostracisées. La question est alors la suivante : comment ce qui circule en sous-sol peut-il être traduit au grand jour ? Un texte étranger peut-il émerger sans être remodelé par le texte public qui vient lui ôter toute possibilité d'une signature propre ? Comment une

1. Homi K. Bhabha, *Les Lieux de la culture*, *op. cit.*, p. 248.

alternative au stéréotype pourrait-elle être produite par les subalternes ? Ne jamais pouvoir surgir comme auteur, c'est courir le risque de ne plus avoir accès au moindre texte et d'être relégué à la périphérie des formes de vie autorisées. C'est effectivement ce qui arrive. Le merveilleux récit de l'altérité étrangère faisant œuvre se métamorphose en logique sociale de désœuvrement. L'étranger est dès lors moins ce grand autre exilé qu'un rôdeur qui revient en permanence aux frontières de notre vie sociale. Vivre à la bordure, c'est se trouver *a priori* discrédité, sans réel pouvoir d'agir alternatif.

Aussi une vie étrangère ne peut-elle se dérouler que si elle est continuellement réinitialisée dans les normes qui règlent la vie sociale. Cette réinitialisation permanente impose à l'étranger une série d'épreuves de conformité aux normes censées vérifier, sous toutes ses coutures, son aptitude mimétique. La vie d'étranger devient dès lors une vie de *tests* qui ont une valeur performative évidente : ils engendrent l'étranger corrigible, ils font émerger le « bon » étranger, celui dont le désir de rejoindre les formes de vie nationales peut être solidement attesté, et ils engendrent également l'étranger incorrigible, le « mauvais » étranger définitivement perdu dans sa forme de vie nécrosée.

Ces tests sont légion et prennent des formes très variées, telles des demandes juridiques (obtention d'un titre de séjour, autorisation de travailler…) ou des procédures quotidiennes et informelles veillant au respect des *manières nationales* : des règles de la civilité en usage dans une nation aux postures corporelles attendues, en passant par les différents cérémonials exigés dans la vie de voisinage, au travail, c'est toute une disciplinarisation informelle de l'étranger qui le transforme en étranger admissible ou, au contraire, le relègue en étranger interdit, menaçant. Ces deux séries d'épreuves sont distinctes mais forment une logique sociale dont la violence s'exerce en permanence sur les vies soupçonnées de ne pas être des vies nationales.

La difficulté, pour un étranger, d'être pleinement reconnu par la loi comme membre de la nation de destination engendre, nous l'avons dit, des *droits précaires* qui impliquent une série d'épreuves juridiques. La probabilité d'en sortir victorieux est, comme pour l'homme qui attend d'avoir accès à la loi et qui vieillit devant l'unique portier qui la garde[1], extrêmement faible. Comme l'écrit Avital Ronell, « il n'est pas ici question de résultat, mais d'une épreuve interminable, d'une série d'ajournements et du rapport de l'homme à la loi en tant que non-présence[2] ». La loi se retranche toujours en deçà de toutes ses manifestations : elle se donne toujours comme une pure transcendance qui ne se montre jamais réellement. L'étranger ne peut jamais ainsi être *en présence* de la loi. Il est sans cesse retardé dans sa possibilité de se présenter devant elle. Il existe ainsi un lien étroit entre la non-présence et la batterie d'épreuves juridiques que cette absence suscite. « La loi se refuse, ne se manifeste pas. Peut-être est-il de la nature de la loi de dérober sa présence, sauf sous la forme parcellaire de ses représentants : policiers, vigiles, juges, caméras de surveillance, ou du bail que l'on a signé[3]. » L'épreuve juridique ne se contente pas d'attester de la nature illégale ou précaire de la présence de l'étranger sur le sol national, elle délégitime par avance sa présence à venir. En le convoquant régulièrement

1. Franz Kafka, « Devant la loi », dans *Le Procès*.

2. Avital Ronell, *Test Drive. La passion de l'épreuve*, trad. de l'anglais par Christophe Jacquet, Paris, Stock, 2009, p. 26.

3. *Ibid.*

à des examens de passage, les épreuves juridiques le disciplinarisent et l'exposent ainsi d'un côté à la surveillance, de l'autre à la sanction. L'examen, la surveillance et la sanction qui sont, pour Foucault, les trois instruments des normes disciplinaires[1] assujettissent le corps rétif de l'étranger en le pliant à des normes nationales particulièrement vigoureuses. Cette exposition aux normes nationales est cependant vouée à produire l'illégalisme de l'étranger. Les épreuves juridiques, en effet, se proposent moins de résorber l'écart entre le national et l'étranger, par leur lisibilité et leur cohérence, que de souligner cet écart en conditionnant leur performance à des critères particulièrement arbitraires. C'est que précisément les épreuves juridiques ne représentent la loi qu'en témoignant en permanence de son retrait et de son effacement partiel des épreuves elles-mêmes. De telle sorte que la loi ne vaut pas comme norme des épreuves mais jaillit au contraire comme présence-absence. Combien de vies étrangères, sur le sol français depuis dix ans, dont les enfants sont scolarisés et les métiers officiellement établis, ne parviennent cependant pas à se *présenter* devant la loi et se trouvent ainsi convoquées régulièrement à des épreuves juridiques dont l'issue peut être, à tout moment, l'expulsion ! Combien de vies précaires en raison de l'impossibilité de se présenter devant la loi et de se soustraire enfin aux épreuves juridiques !

Pour l'étranger, surveillance, sanction et examen ont *vocation* à se confondre ou, du moins, à se relancer mutuellement. On peut ici se reporter au fichage par biométrie des étrangers obtenant un visa pour les différents pays de

1. Michel Foucault, *Surveiller et punir. Naissance de la prison*, Paris, Gallimard, 1975.

l'Union européenne en 2005. Le fait que « la maîtrise de l'immigration » soit conditionnée à la création d'un fichier recensant les empreintes digitales de toute personne déposant une demande d'asile ou obtenant un visa pour l'un des pays de l'Union européenne introduit de nouvelles formes de surveillance des populations migratoires. L'identification des personnes par la reconnaissance faciale (numérisation de la photo) et les empreintes digitales crée un cadre de présentation de la personne qui peut, à volonté, être soumise à de nouvelles épreuves juridiques. Il est significatif que le projet de loi de 2003 qui, en France, a anticipé cette mesure européenne reconnaisse qu'il reviendra au Conseil d'État d'établir un décret, après avis de la Commission nationale de l'informatique et des libertés, pour en fixer les modalités d'application et préciser la durée de conservation et de mise à jour des informations enregistrées : la conservation des informations est, en droit, à ce point une prérogative nationale que la durée d'usage de ces informations n'est même pas prévue par la loi initiale. Car le fichage des demandeurs de visa doit permettre, conformément aux vœux de Nicolas Sarkozy, alors ministre de l'Intérieur, de retrouver l'identité et la provenance de celles et ceux qui entrent en France grâce à un visa de court séjour, et sont soupçonnés d'y rester en détruisant leurs papiers. La surveillance semble ici activement confondue avec l'examen permanent des identités étrangères et avec la possibilité de la sanction.

La logique sociale de l'intégration de la vie étrangère n'est pas seulement produite par la construction des tests juridiques, elle se déploie également dans des tests qui concernent les manières d'être nationales. Ce sont des épreuves informelles qui s'attachent à la convenance et fixent la possibilité ordinaire de ne pas être perçu comme *sujet excentrique*, *voyou potentiel*, désarrimé des normes nationales, désarrimé aussi du corps de la nation. Qu'est-ce alors que « convenir » ? Le sens propre désigne la possibilité de venir ensemble et par suite de se réunir. Il implique aussi la possibilité d'être approprié à : encore cette appropriation doit-elle être sanctionnée par des conventions, lesquelles sont d'abord des assemblées avant de désigner des règles basées sur un accord réciproque. La convenance relève donc de conventions qui fixent la possibilité de la communauté. Convenance, conventions et communauté forment ainsi le double de la nation ou plutôt sa doublure. Elles ne se contentent pas cependant de la redoubler, elles la produisent comme nation. Une nation n'est en effet pas seulement un ensemble de lettres juridiques ; elle est toujours également un corps de convenances fixant le convenable et l'inconvenable, l'approprié et l'inapproprié. En ce sens, une nation est bien un corps convenu exposé de ce fait à des déconvenues qui proviennent de tous les actes perçus comme non convenables.

Corps qui comptent, corps inintelligibles

Les étrangers peuvent-ils entrer dans le corps convenu de la nation ? Ne sont-ils pas toujours des *membra disjecta*, des vies satellitaires exposées à l'errance, vies monstrueuses et exorbitées que la référence au code des bonnes conduites de la nation éloigne toujours plus du cœur convenu de la nation ? L'hétérogénéité culturelle se voit ici refoulée et ce refoulement prend la forme d'une interdiction des corps hétérogènes. Si beaucoup considèrent que l'identité nationale est polluée par les émissions parasitaires des corps étrangers, nous devons nous demander en retour quel est le cadre normatif qui fixe, pour une nation, les formes de la pollution. Assumer une *forme nationale* ne revient pas seulement à être porteur d'une qualité juridique homologuée par les tests juridiques. Assumer une forme nationale signifie également que la capacité corporelle à exhiber la nation a été sanctionnée positivement. Mais d'où vient ce pouvoir de sanctionner les manières d'être corporelles des uns et des autres ? Est-ce que cela signifie que nos corps ne nous *appartiennent* pas tant ils sont pris dans les signifiants de la nation ? Que peut vouloir dire, dans ces conditions, assumer son corps ? Si nous sommes bien un corps, pouvons-nous cependant nous rapporter à lui comme à une identité pré-narrative, foyer actif de notre puissance d'agir ? Ne faut-il pas au contraire affirmer que le corps est déjà une interprétation dont il faut dès lors essayer de rendre compte ? Il n'a aucun « statut fondationnel[1] » pour une vie : il est le produit d'un ensemble d'expériences. Un corps n'est donc pas une matérialité pré-discursive qui fixe l'agir individuel, il est bien plutôt une forme rendue intelligible par les différents locuteurs sociaux qui s'adressent à lui et en viennent à le soutenir. Tandis que les voisins attestent de la légitimité intime des corps en jaugeant leur capacité à tenir dans les limites de la *décence*, à ne pas briser les distances spatiales entre les corps (par le respect de postures obligées), les partenaires de la scène du travail font valoir d'autres impératifs corporels relevant d'une manière d'être ensemble, de rendre effective la fraternité corporelle[2].

1. Joan W. Scott, *Théorie critique de l'histoire. Identités, expériences, politiques*, trad. de l'anglais par Claude Servan-Schreiber, Paris, Fayard, 2009, p. 123.

2. Voir à ce sujet le film *Elle est des nôtres* de Siegrid Alnoy (2003).

Voisins, partenaires, agents de l'administration, sujets anonymes ne se contentent pas de recevoir les expériences des vies ordinaires ou d'entrer en relation avec elles. Ils les convertissent en *scène nationale*. C'est que la scène nationale est toujours première. Qu'est-ce qu'une relation de voisinage sinon la création juridique d'un espace de vie commun ? Les voisins sont alors assurés d'être des sujets dont l'entente est conditionnée par la qualité juridique de leur relation. L'archétype des voisins reste celui de deux sujets nationaux que l'appartenance à la nation fait miraculeusement apparaître comme *voués à l'entente* : la fraternité tend dès lors à opérer de façon privilégiée dans les limites de la nationalité. Qu'est-ce qu'une relation de travail sinon un ensemble de règles prescrites que les corps incorporent d'autant mieux qu'ils sont pour ainsi dire à l'unisson ? Là encore, la *qualité nationale* semble pré-requise dans la distribution des réglages corporels des tâches.

Tout semble indiquer que les corps sont porteurs d'attitudes, de manières d'être qui ne peuvent être totalement légitimées qu'à la condition d'apparaître positivement sur les différentes scènes de la vie ordinaire et d'être ainsi accueillies comme des manières d'être nationales. La nation est tout à la fois la scène archaïque qui fixe les différentes scènes de la vie ordinaire et elle est en même temps, à chaque fois, rejouée sur chacune de ces scènes. Elle fixe les cadres de l'expérience ordinaire et est à son tour revivifiée par chacune des expériences qu'elle a contribué à légitimer.

Si nous sommes donc bien un corps, nous ne pouvons jamais être seulement ce corps puisque ses expériences sont conditionnées par toutes sortes d'interprétations, sociales, familiales, nationales qui font que les corps sont des corps possibles ou des corps impossibles, des corps sensés ou des corps improbables. Les corps ne sont pas uniquement traversés par des interprétations, ils les interprètent à leur tour. Comme le souligne l'historienne Joan W. Scott, « l'expérience est à la fois quelque chose qui est déjà une interprétation et quelque chose qui doit être interprété[1] ». Si interpréter revient, selon Foucault, à « s'emparer, par violence ou subreption, d'un système de règles qui n'a pas de signification essentielle, et [à] lui imposer une direction, le ployer à une volonté nouvelle, le faire entrer dans un autre jeu et le soumettre à des règles secondes[2] », il semble alors qu'il faille analyser les corps comme des lieux ouverts de conflits d'interprétations. D'un côté, le corps est façonné, configuré par des interprétations actives qui lui permettent d'acquérir activité et visibilité. D'un autre côté, le corps interprète ces interprétations, il ne les reçoit pas seulement comme source de son développement, comme exigence à honorer mais il les reconduit à ses propres perspectives, à des agencements perçus, à tort ou à raison, comme permettant de rester en vie. C'est que le corps ne reçoit les interprétations qui conditionnent son apparition que pour autant que leur réalisation permet la survie, la facilite, maintient la puissance d'agir d'une vie. Il reste que le corps interprète les interprétations qu'il incorpore selon les possibilités qui sont les siennes de rester en vie, de déployer une puissance d'agir favorisée par de telles interprétations ou qui est, au contraire, empêchée par elles. Foucault nous aide à penser une zone de contingence irréductible dans le frottement des interprétations. Cette zone de contingence est acti-

1. Joan W. Scott, *Théorie critique de l'histoire*, *op. cit.*, p. 125.

2. Michel Foucault, « Nietzsche, la généalogie, l'histoire » [1971], *Dits et Écrits*, vol. II, Paris, Gallimard, 1994, p. 146.

vée par les différentes manières d'être nationales qui plient les corps à des postures attendues, mais elle est activée également par les jeux des corps à l'égard de ces postures, par leur capacité de détournement.

D'une part, la nation lisse les corps, les soumet à un jeu de postures autorisées : comment se tenir dans un espace public ? quelle odeur ? quels gestes ? D'autre part, chaque vie est un corps qui compte, un nœud vital de possibilités et d'actions qui ne se contentent pas de répéter la partition nationale des bonnes manières d'être mais qui peuvent les déplacer et même les renverser, quitte à apparaître comme un corps impossible. Dormir, éprouver de la douleur, manger, se déplacer, avoir un plaisir sexuel ne relève jamais du seul chromatisme corporel tant ces actions ont également à voir avec les différentes façons de rendre intelligibles les actions corporelles dans une nation et de les hiérarchiser. Penser le corps sans un « nous » qui le fait apparaître comme corps n'aurait guère de sens. En retour, la lisibilité nationale des corps n'épuise pas leur puissance d'agir. Il faut même maintenir ouverte la question suivante, ainsi que nous y invite Judith Butler :

> Comment tirer une puissance d'un genre construit à travers des relations de pouvoir et, plus précisément, à travers des contraintes normatives qui non seulement produisent divers êtres corporels, mais les régulent[1] ?

Si le genre qu'est notre corps est hautement dépendant de l'intelligibilité culturelle qui le façonne et contribue à en

1. Judith Butler, *Ces corps qui comptent. De la matérialité et des limites discursives du « sexe »*, trad. de l'anglais par Charlotte Nordmann, Paris, Amsterdam, 2009, p. 12.

faire un corps vivable, il reste qu'il faut bien poser la question de savoir comment il est possible de « modifier les termes mêmes qui constituent le domaine "nécessaire" des corps en rendant impensable et invivable un autre domaine de corps, ceux dont la matérialité et l'importance ne sont pas reconnues de la même manière[1] ».

Pourquoi modifier le domaine « nécessaire » des corps ? Précisément parce que ce domaine est en réalité un domaine « contingent » ouvert à d'autres interprétations, ouvert en particulier à des interprétations qui viennent en contester le caractère explicitement national. Car un corps n'est invivable ou inintelligible que s'il est tenu pour inemployable à l'intérieur des différentes interprétations qui le valident. Souligner qu'un corps est inemployé revient à dire qu'il n'est susceptible d'aucune interprétation positive et que, comme tel, il est menacé en tant que corps. Cela revient aussi à dire que ses interprétations ne se logent pas dans les interprétations nationales : un corps est alors potentiellement monstrueux, excessif ou parodique, bizarre, *queer*, pour tout dire.

Haut et bas

Une vie étrangère, en ne cessant de devenir une vie marginale, est, de ce fait, une vie qui n'est pas considérée comme honorant les tests juridiques et les manières d'être qui font la nation. Cette difficulté à se lier à la nation devient une difficulté hautement corporelle. Si le *national* a vocation à avoir un corps qui compte, l'*étranger* tend, quant à lui, à être perçu comme un corps parasitaire, toujours ramené à un excès de l'ailleurs. La relégation à la

1. *Ibid.*, p. 13.

périphérie de l'étranger s'accomplit dès lors en un processus de destitution qui le voue toujours au plus bas. Se prémunir de la périphérie équivaut ainsi au maintien coûte que coûte d'une frontière entre le haut et le bas. L'étranger est tout à la fois relégué dans la périphérie des formes de vie les moins autorisées et sanctionné, maintenu dans le bas de la société par opposition à un hypothétique haut.

Traduire la division centre / périphérie en division haut / bas ne relève pas d'un simple jeu sur les coordonnées spatiales de la vie sociale. Une telle transformation permet d'attester des valeurs symboliques qui sont construites dans la marginalisation des vies reléguées à la périphérie. Éloigner les vies étrangères des centres hypothétiques qui font une nation, c'est suggérer qu'une nation est porteuse d'une transcendance sacrée (juridique, symbolique, ethnique) dont les vies étrangères profanes sont irréductiblement séparées, et c'est, de ce fait, instituer la nation comme transcendance par l'acte même qui opère cette séparation. La nation peut alors émerger comme forme supérieure par la fiction régulatrice de la coupure entre les vies qui lui appartiennent et celles qui ne lui appartiennent pas, entre les vies nationales qui réitèrent la signature de la nation et les vies étrangères d'emblée conçues comme des vies de faussaires, des vies qui falsifient le texte de la nation en contrefaisant la signature au bas de sa page. Autant dire que le centre n'accule à la périphérie que pour autant qu'il surgit toujours comme le « haut » qui institue le « bas », un ensemble de qualités symboliques qui non seulement font défaut au « bas » mais sont affirmées contre le « bas ».

Il faut alors souligner l'étrange statut du « bas » par rapport au « haut », des formes de vie étrangères par rapport aux formes de vie nationales. L'hybridation est cela même que la frontière entre le centre et la périphérie, redoublée par la distance symbolique entre le « haut » et le « bas », doit empêcher. De ce fait pourtant, le « haut » se rend dépendant du « bas » pour se définir comme « haut » : c'est alors sa non-participation au « bas » qui le définit paradoxalement comme « haut ».

> Un schéma récurrent émerge : les tentatives du « haut » pour rejeter et éliminer le « bas » pour des raisons de prestige et de statut [...] aboutissent à la découverte non seulement que le haut dépend fréquemment de l'Autre-bas [...] mais aussi qu'il inclut le bas symboliquement, comme un élément érotisé essentiel de sa propre vie imaginaire[1].

L'étranger est invoqué par le national pour être mieux destitué comme non-national et ainsi asseoir la définition performative du national mais, en retour, ce geste fait entrer l'étranger sur la scène de définition du national. Le périphérique des vies étrangères, en devenant le pôle négatif et vil par lequel le national prend de la hauteur, ne se contente plus d'entourer le centre de la nation à la manière d'un anneau malveillant, replié sur lui-même. Il se déverse sur le centre lui-même en rendant le texte national dépendant de la marge. « C'est pour cette raison que ce qui est socialement périphérique est si souvent symboliquement central[2]. »

Basculer de la périphérie vers le « bas » implique donc que l'étranger est hautement participant à l'élaboration de

1. Peter Stallybras et Allon White, *The Politics and Poetics of Transgression*, Ithaca, Cornell University Press, 1986, p. 5, cité par Stuart Hall, *Identités et cultures*, trad. de l'anglais par Christophe Jacquet, Paris, Amsterdam, 2008, p. 226.

2. *Ibid.*

la fiction nationale alors même que la vie étrangère est, de ce fait, maintenue comme vie marginalisée, à la périphérie. La nation repose donc bien sur des fictions qui créent l'illusion de sa naturalité en faisant valoir la hauteur symbolique de *sa* langue, de *ses* lois, de *ses* formes ethniques autorisées, de ses codes culturels, religieux, etc., comme irréductible à tous les phénomènes empiriques, historiques, vils qui la rabaissent en suggérant le mélange, l'hybridation, la violence des partages maintenus, etc. La nation suppose ainsi la fiction d'un « haut » retranché d'un « bas », qui excelle à être rappelée à la hauteur de son génie par cela même qu'elle écarte.

Se vivre comme autre

La condition d'étranger résulte non seulement du fait que les vies deviennent étrangères dès lors qu'elles sont désignées comme autres mais aussi de ce qu'elles en viennent inévitablement à se vivre comme autres. Ainsi que le souligne Stuart Hall à propos des Noirs,

> nous n'avons pas seulement été construits par [des] régimes [dominants de représentation], au sens « orientaliste » de Said, comme autres et différents au sein des catégories du savoir occidental ; ils eurent aussi pour conséquence que nous nous soyons nous-mêmes vus et vécus comme « Autre » [...]. C'est une chose de situer un peuple ou un sujet comme « Autre » dans un discours dominant ; c'en est une autre que de le soumettre à ce « savoir » non seulement au moyen d'une domination et d'une volonté imposées, mais

aussi par une contrainte interne et une conformation subjective à la norme[1].

Stuart Hall suggère que la désignation ne se réduit pas à un processus d'altérisation de la vie étrangère. La différence n'est pas engendrée uniquement par les représentations hégémoniques qui *naturalisent* les *uns* et les *unes*, altérisent les *autres* : elle n'est pas cantonnée au cercle épistémologique de la désignation injurieuse mais se propage en *ethos* pour l'étranger, en manière de vivre. Être étranger, c'est en venir à se vivre comme autre. Comment une vie peut-elle se vivre, dans les limites de la survie, comme vie toujours autre ? Par le truchement, indique Hall, d'une contrainte interne qui équivaut à une conformation subjective à la norme.

On peut tenter de comprendre comment cette contrainte interne apparaît. Pourquoi, en d'autres termes, l'étranger ne cherche-t-il pas à abolir la désignation d'étranger qui pèse sur lui ? Pourquoi une vie ne serait-elle pas l'occasion de défaire la désignation ? Qu'est-ce qui, dans une vie, redonne vigueur à la désignation ? Prenons garde cependant. Il ne s'agit pas d'affirmer qu'une vie peut aisément contrer la désignation dont elle est l'objet. Certaines désignations infligent des blessures durables au point que la vie ainsi désignée devient une vie plus difficile à mener, précaire. La désignation d'étranger relève bien de celles-ci puisqu'elle précarise la vie ainsi désignée en lui conférant des droits précaires, un logement précaire, un environnement précaire. C'est pourquoi, conformément à ce qu'évoque Stuart Hall, situer une vie comme autre équivaut *pratiquement* à la domi-

1. *Ibid.*, p. 230.

ner en la privant réellement de toute possibilité de se défaire de ce stigmate de l'altérité. Il en résulte une vie aux mains des autres, une vie d'otage, ravie, et ce ravissement démultiplie le rapt initial qu'est l'enlèvement au sol *natal.*

La vie autre soulève dans ces conditions la difficulté de passer outre à l'injure et tout autant la difficulté de se sentir *naturellement* en phase avec elle. Refuser de loger dans l'injure est une affaire de vie ou de mort pour la personne désignée étrangère. Être injurié ce n'est pas seulement être placé au ban de la vie sociale d'un groupe ; c'est se trouver dans l'obligation vitale de contrer l'injure. Si « nous dépendons les uns des autres pour ce qui est de notre nom, de la désignation qui est censée nous singulariser[1] » et si, de ce fait, nous sommes impuissants à contrer les processus de désignation qui nous injurient, nous nous découvrons à la fois ouverts à l'injure, dépendants de son mode d'élaboration sociale et en même temps dans la nécessité de lui répondre. D'où vient cette nécessité ? D'un désir de vivre qui se maintient dans la vie blessée. La désignation injurieuse opère très souvent comme un stigmate qui défait les possibilités d'une relance critique. Être injurié, c'est ainsi être exposé à la possibilité mortelle de ne plus pouvoir désirer son propre désir de réplique. Si toutes les appellations d'étranger ne sont pas également blessantes, elles contribuent à constituer le sujet étranger dans les formes du langage national au moment même où celui-ci en est privé. Elles s'offrent donc comme un paradoxe insurmontable : l'« interpellation » par l'appellation d'étranger marginalise le lien de l'étranger à la langue du pays d'accueil en soupçonnant que les ressources linguistiques qu'il mobilise ne sont pas des ressources totalement

1. Judith Butler, *Le Pouvoir des mots*, *op. cit.*, p. 61.

admissibles d'un point de vue national. Le sujet étranger se voit ainsi qualifié de *sujet biaisé*. Les ressources linguistiques qu'il peut mettre en avant pour lutter contre l'appellation injurieuse ne logent pas dans la niche linguistique nationale. Même si elles témoignent d'une étonnante aptitude de l'étranger à se rapporter à une autre langue que la sienne, elles révèlent toujours des *désaccords linguistiques* qui sont jugés comme des défauts nationaux.

Ainsi que le rappelle Judith Butler, « l'autonomie dans le discours, pour autant qu'elle existe, est conditionnée par une dépendance radicale, originelle, à l'égard du langage dont l'historicité excède de toutes parts l'histoire du sujet parlant[1] ». Une vie *étrangère* qui ne trouve pas à se loger dans la nation d'accueil (toit, loi, langue) est une vie particulièrement exposée à la dépossession dans le discours. L'étranger ne peut alors survivre sur le plan linguistique que s'il est qualifié positivement par la police nationale des discours mais cette survie linguistique ne peut avoir lieu qu'au prix d'un effacement de sa propre langue et des modalités de constitution de soi dans cette langue. Cette perte de sa propre langue est une *fiction* car quelle vie pourrait y consentir ? Quelle vie pourrait parvenir à être entièrement réglée par les attentes normatives des *autres* ? Ainsi, la vie désignée comme vie étrangère ne peut *accepter* de loger dans la norme nationale qu'elle s'efforce par ailleurs de rejoindre. Elle ne peut pas davantage *accepter* l'injure qui la disqualifie. Défaire les attentes normatives de la nation de destination afin de parvenir à surgir comme *sujet s'autorisant* et non pas seulement comme *sujet autorisé* devient une condition majeure de la survie en milieu

1. *Ibid.*, p. 60.

étranger. S'autoriser, c'est consentir à être l'auteur d'une fiction de soi. Être désigné comme sujet autorisé, c'est être évalué comme sujet légitime par une autorité qui a force de loi. Si l'autorité qui crée le sujet autorisé est une condition majeure de la fiction de soi, elle ne saurait engendrer à elle seule cette fiction.

La capacité d'être soi suppose non seulement la possibilité sociale d'être soutenu positivement par les différentes législations qui font autorité mais elle repose également sur la construction psychique d'une expérience temporelle qui relie un « avant » à un « après ». Cette capacité est largement performative car elle engendre une identité minimale au lieu de s'appuyer sur elle. Comment interpréter une telle activité dans le contexte de la vie étrangère ? À coup sûr il ne faut pas magnifier la possibilité d'être soi et la considérer comme une réserve non mutilée par l'expérience sociale. Il ne faut pas non plus l'appréhender comme un simple effet de l'expérience sociale, car ce serait confondre le texte public de la domination et la partition privée qui, pour conditionnée qu'elle est par le texte public, ne lui est jamais totalement réductible et peut même l'entamer partiellement. C'est ce désaccord entre le texte public et le texte privé de la domination qu'il nous faut suivre pour analyser l'expérience de la vie étrangère et la comprendre en ses capacités performatives propres.

Hors langue

L'étranger n'est pas inactif face aux désignations qu'il doit rejoindre ou aux injures qu'il subit. C'est qu'il ne se réduit pas au texte public qu'il est contraint de jouer pour être perçu comme étranger intégrable. Que se passe-t-il quand vous n'êtes plus interpellé dans votre langue et que le nom que vous *recevez* tend à être un nom injurieux ? Que se passe-t-il lorsque personne ne s'adresse à vous si ce n'est par un discours de haine ?

La vie dans la langue se mue dès lors toujours en une vie hors langue. Une vie étrangère en vient à se vivre comme une vie privée de langue. Avec l'étranger, il ne faut certes pas trop rapidement unifier, se précipiter vers l'universel négatif que nous renvoie le miroir du *nom* étranger. En droit la vie étrangère bienheureuse existe mais elle n'est plus alors potentiellement désignée comme telle. Sans doute le rêve de tout étranger est-il de pouvoir se hisser à la hauteur de la gloire scintillante de la vie non entamée par les deux nations d'origine et de destination. Sans doute, au bout d'une route espérée point l'*ethos* de la déprise, de l'affranchissement. Le rêve d'Ulysse est-il un rêve apatride ? L'altérité radicale de l'étranger luit encore telle une ombre claire dans la nuit. Mais comment atteindre cette altérité alors même que l'altérité sociale creuse la non-place, le vide, la solitude ou la haine ? Par-delà tous les clichés qui assignent l'étranger à la place de la non-place, lui confèrent le visage de l'intrus permanent ou du résident honteux, il y a la perte d'une vie à l'*œuvre* solidaire d'une colère de la survie. L'étranger est alors à la fois le *nom* de ceux qui sont *sans* attaches sociales reconnues mais il est également le *nom* singulier de celle ou de celui qui ne rentre même pas dans la définition du groupe des exclus des différentes formes d'appartenance sociale. L'étranger n'est pas assez intégré pour entrer dans un groupe. Il a beau faire partie de la communauté afghane de Paris, cette communauté n'existe qu'à l'ombre des groupes institués. Il y a bien des groupes d'étrangers, mais aucun n'est assez puissant pour dissoudre la condition d'étranger dans l'appartenance à un groupe qui aurait alors valeur d'institution. L'étranger est ainsi celui-là même à qui est refusée l'insertion dans le groupe auquel il est acculé. Il est un *paria* toujours déjà entaché dans sa présence par un mode discordant de la présence. *De trop*, sans jamais que la contingence de ce *de trop* puisse être résorbée sous une quelconque identité qui, même négative, pourrait contribuer à l'émergence d'une place sociale. L'étranger est construit, ainsi que le signale Eleni Varikas, comme celui qui « est aussi d'une race proscrite, [dont] la langue n'est point entendue, [que] ses sentiments isolent, [dont] les désirs ne sont jamais accomplis[1] ».

Si, comme le souligne Frantz Fanon, « de la partie la plus noire de mon âme à travers la zone hachurée me monte un désir d'être tout à coup blanc », c'est que l'humanité déplacée et dominée dans le déplacement ne peut que rêver à une place qui abolirait tous les *sans-places*. Rentrer totalement dans la classe, dans le genre, dans la race serait ainsi l'un des désirs paradoxaux de celle ou de celui qui est déclassé, dégenré, déracé. Mais ce désir est aussitôt contredit par la violence du déclassement, des jugements raciaux, des dominations de genre. Aussi assiste-t-on à l'expérience d'une perte de soi liée au *verdict* de soi-même comme un étranger, un sujet de nulle part qui ne peut pas prendre part. D'un côté, *je* ne peux pas me représenter comme un sujet *perdu*, mélancoliquement attaché à un manque d'être car cela reviendrait à *me* concevoir comme un sujet pauvre en

1. Eleni Varikas, *Les Rebuts du monde*, *op. cit.*, p. 46.

monde ou plus encore comme un non-sujet[1]. D'un autre côté, *je* ne peux pas non plus me représenter comme un sujet consentant, car cela reviendrait à nier *mon* expérience attenante à la condition paradoxale d'étranger. La *perte de soi* ne peut donc être entrevue que comme une *perte vitale* qui réduit tragiquement les possibilités de vie et qui induit une forme de vie acharnée à détruire cette perte vitale. La perte des possibilités d'œuvrer à la réalisation de soi et des siens est alors vécue comme une perte qui doit être elle-même perdue. Cela ne signifie pas un effacement de la perte mais un travail pour lever l'hypothèque de la perte. S'il est vrai qu'une « perte subie dans le monde devient manque caractéristique dans le moi[2] », il reste que ce manque induit une violence dirigée contre la perte elle-même. La rage de la survie peut alors se transformer en manière de vivre dans la perte.

Comment faire avec ce que l'on est empêché de faire ? Peut-on défaire ce qui nous défait ? Ces questions se posent à toutes les vies qui se sentent déliées, maintenues de façon précaire à la surface des territoires. Il n'est pas nécessaire d'invoquer une liste *a priori* des capacités sans lesquelles une vie n'est pas une vie humaine. Mieux vaut s'attacher aux contextes qui produisent la violence sociale. On sait que « le discours social exerce son pouvoir de formation et de régulation à travers l'imposition de ses propres lois[3] », mais le sujet ainsi formé est un sujet partiellement réglé par le discours social, un sujet qui emprunte son autorité à

1. Lire à ce sujet Judith Butler, *La Vie psychique du pouvoir. L'assujettissement en théories*, trad. de l'anglais par Brice Mathieussent, Paris, Léo Scheer, 2002, chap. VI.

2. *Ibid.*, p. 271.

3. *Ibid.*, p. 284.

l'autorité sociale. Seulement, quand un discours social ne peut s'imposer à un sujet qu'en le dépréciant, le sujet ne peut tout simplement plus s'adosser à une quelconque autorité. Être *seul*, c'est se retrouver orphelin de toute instance d'autorisation, c'est être un personnage en quête d'auteur. D'un côté, les places sociales sont produites par les différentes formes de l'autorisation sociale. D'un autre côté, les vies déplacées, en attente de place, n'apparaissent pas, aux yeux des sujets placés, comme des vies autorisées. Elles perdent ainsi tout visage, sont déterritorialisées, n'ont même plus de voix.

L'étranger reçoit un nom qui le situe dans un espace et dans un temps. Ce nom peut se vouloir *neutre* même s'il ne l'est pas (étranger, immigré, émigré), il peut aussi être injurieux quand il caricature la provenance ethnique ou géographique d'un sujet. Le nom n'opère jamais pour soi seul. Il réitère une généralité qui intègre la singularité des vies à des attitudes linguistiques qui produisent des descriptions *naturalisées*.

> En recevant un nom, nous sommes [...] socialement situés dans le temps et dans l'espace. Et nous dépendons les uns des autres pour ce qui est de notre nom, de la désignation qui est censée nous singulariser[1].

L'étranger est aussi privé des possibilités de sa langue. Il peut d'autant moins contrer la désignation injurieuse qui s'abat sur lui que ses ressources linguistiques renforcent l'impression de vocifération étrangère incapable de mordre dans la langue nationale. Le pouvoir scriptural de la nation

1. Judith Butler, *Le Pouvoir des mots*, *op. cit.*, p. 61.

est démultiplié pour celle ou celui qui n'y participe pas. Séparée d'une reconnaissance officielle par l'énigmatique épaisseur de formulaires administratifs, par la possibilité de s'orienter dans le dédale des mots qui font nation, *une vie* est *déclarée* de côté. C'est que « l'autonomie dans le discours [...] est conditionnée par une dépendance radicale, originelle, à l'égard du langage dont l'historicité excède de toutes parts l'histoire du sujet parlant[1] ». La langue précède le sujet parlant et ce dernier peut tout au plus s'efforcer d'être reconnu comme sujet de la langue. Seulement être sujet de la langue équivaut à être sujet de Sa Majesté la Nation. Ce cercle de la langue et de la nation, du pouvoir des mots et du pouvoir politique révèle l'extrême fragilité de l'existence qui n'a pas pu être aspirée positivement dans un tel cercle. Le refus du droit de vote des étrangers aux élections (locales, nationales) révèle, s'il en était besoin, que ceux-ci sont pensés et régulés comme des sujets dont le mode d'existence est vicié, notamment parce que leur puissance linguistique n'est pas la nôtre.

Dans une telle perspective, comment contrer toutes les désignations qui s'abattent sur *vous* quand vos ressources linguistiques sont à ce point considérées comme *intraduisibles* ? Sur la scène linguistique normale, les sujets « s'adressent les uns aux autres et reçoivent des adresses les uns des autres » de telle sorte que « la capacité à s'adresser paraît ainsi dérivée du fait d'avoir reçu une adresse »[2]. Sur la scène linguistique vulnérabilisée, le nom que l'on reçoit et la possibilité de s'adresser sont disjoints. L'étranger qui n'est considéré que *comme* un étranger n'est pas en mesure de s'avancer sur la

1. *Ibid.*, p. 60.
2. *Ibid.*, p. 63.

scène linguistique en tant que protagoniste. D'un côté, il évolue sur cette scène linguistique. De l'autre côté, il en est rejeté en étant renvoyé à sa propre langue. C'est que précisément il se trouve à la fois au-dedans et au-dehors. Une deuxième langue, celle du dehors, a pénétré la langue du dedans et l'a colonisée, en a fait une langue du dehors, alors même qu'elle se redéfinit, en tant que langue du pays de destination, comme langue du dedans. Les pôles du dedans et du dehors se renversent et la vie psychique de l'étranger est sens dessus dessous. De ce maelström des langues, il résulte une no-langue, la langue de personne, c'est-à-dire de ceux qui sont propulsés hors de la forteresse nationale tels des barons de Münchhausen malheureux et solitaires. Ou comment avoir deux langues dont aucune n'est la sienne.

Qu'est-ce exactement que vivre dans la no-langue ? C'est se découvrir sans attaches, n'être potentiellement un étranger immigré qu'à la condition d'être également un étrange étranger. La personne bilingue passe d'une langue à l'autre et est compétente dans l'une et l'autre langue mais celui qui évolue dans la no-langue se trouve acculé à une langue jamais assurée, et perd confiance dans ses moyens linguistiques. La no-langue est tout le contraire du bilinguisme. Avoir deux langues dont aucune n'est en définitive la sienne, tel est le lot de l'étranger déclassé, dont la langue native est discréditée au contact de la langue officielle sans que celle-ci puisse jamais devenir une langue native, tant elle en est séparée par la langue natale, devenue langue spectrale, langue interdite, langue de la mort plutôt que de la vie. « Les mots de l'enfance deviennent [alors] proprement langue étrangère[1]. »

1. Seloua Luste Boulbina, « Ce que postcolonie veut dire : une pensée de la dissidence », *Rue Descartes*, n° 58, Paris, PUF, 2007, p. 23.

Dès lors plusieurs questions ne peuvent manquer d'émerger qui concernent la structure de la langue dominante qui réitère, à la moindre occasion, les désignations d'étranger. Une langue peut-elle être hospitalière si elle réitère de telles désignations ? Cette volonté de réitération procède-t-elle de la territorialisation des pouvoirs (linguistique, politique) ? Quel visage construit-elle ? Poser de telles questions, c'est soupçonner que la réitération de la désignation de l'étranger est une condition primordiale de l'apparition du visage de la nation. Définir une langue comme *a priori* fermée aux autres langues ou même la considérer comme *a priori* hostile aux usages mineurs qui en sont faits revient à édifier un lien entre territoire, nation et langue sur le mode d'une *limite* qui ne saurait admettre la moindre ouverture. Dans cette perspective, les étrangers ont peu de *chances sociales* d'être pris au sérieux dans leur propre langue ou dans les usages mineurs de la langue nationale du pays de destination. Ils sont regardés par avance comme des subalternes qui ne peuvent pas parler, car ils sont toujours dans le *dedans* au-*dehors*. On peut à ce titre se reporter à la définition du mot « subalterne » proposée par Gayatri Chakravorty Spivak :

> Quand on dit « ne peuvent pas parler », cela signifie que, si « parler » implique la parole et l'écoute, cette possibilité d'une réponse, la responsabilité, n'existe pas dans la sphère de la subalterne[1].

Là où une langue pourrait être réinventée, critiquée, décolonisée, la réitération de la désignation de l'étranger vise la

1. Gayatri Chakravorty Spivak, *Les subalternes peuvent-elles parler ?*, trad. de l'anglais par Jérôme Vidal, Paris, Amsterdam, 2009, p. 107.

reproduction, l'adhésion et le maintien des structures coloniales de la langue ; elle suspend par avance les ressources narratives des autres langues ou des autres usages de *sa* langue et referme ainsi le monde subalterne sur son isolat solitaire.

Peut-on contrer de telles désignations injurieuses, peut-on lutter contre leur réitération ? Et qui lutte contre elles ? Le langage est un marqueur de pouvoir, il se laisse « définir par l'ensemble des mots d'ordre [...] en cours dans une langue à un moment donné[1] ». Ces mots d'ordre rapportés aux obligations sociales qui leur correspondent définissent le visage d'une nation. Ils instituent le fait majoritaire, les figures des pouvoirs. Là où le mot d'ordre fonctionne comme un rappel à la norme, d'étranges variations vitales adviennent pouvant sembler être, pour les pouvoirs qui se nourrissent aux mots d'ordre, des herbes folles, des protubérances parasitaires qui défont le visage de la nation et le déterritorialisent. Étrange revanche du dominé sur le dominant, du subalterne sur le pouvoir : sa rage de survie crée un devenir minoritaire et contribue à ébranler l'état majoritaire de la nation.

Avant d'en venir à une analyse complète de cette perturbation vitale des normes (chapitre suivant), il nous faut dès maintenant retenir que la no-langue de l'étranger n'est pas sans effets sur la langue de la nation. La distribution des singularités nomades ne se laisse pas capturer par les tenseurs qui font le visage de la nation. Elle circule comme une eau vive sous les mots d'ordre telle une *infra*-politique venue d'ailleurs et s'apparente à une énergie non

1. Gilles Deleuze et Félix Guattari, *Mille Plateaux*, Paris, Minuit, 1980, p. 100.

domestiquée, non nationalisée qui procède des flux migratoires, de tous les flux qui dans les migrations renvoient à d'autres flux et mettent en cause, à leur échelle, les grandes divisions territoriales « de la morale et de la politique : celles de la famille, de la nation, de l'État[1] ». Ces flux ne peuvent pas être totalement jugulés, ils ne représentent pas l'ultime énergie du désespoir mais ils impriment la marque des *pauvres* sur le monde, un ensemble de micro-histoires qui ne font pas un peuple mais forment la vie secrète des subalternes, flux de voyages, flux de travail, flux de misère, d'amour : ce sont tous ces flux qui sont mis en branle dans les migrations et qui ne peuvent pas être interrompus par la construction des forteresses nationales : car une nation n'est pas seulement un ensemble de frontières[2], c'est aussi une collection de flux vitaux qui emportent les frontières et défont en permanence le visage de la nation pour le refaire autrement. Ces flux vitaux font surgir des lieux autres dans la nation, des « hétérotopies[3] », c'est-à-dire des lieux qui, dans la nation, ne fonctionnent pas selon les normes nationales, tout simplement parce qu'ils ne logent pas dans les canons nationaux. Ces hétérotopies sont-elles liées à une utopie de la nation défaite source d'un cosmopolitisme renouvelé ? Oui, à la condition de souscrire à l'avertissement de René Schérer : « Nulle utopie ne peut, à l'heure présente, se concevoir qui ne s'adresserait pas aux nomades, peuples et individus, aux sans-logis, aux

1. René Schérer, *Utopies nomades*, Dijon, Presses du réel, 2009, p. 23.

2. Étienne Balibar, voir notamment *La Crainte des masses. Politique et philosophie avant et après Marx*, Paris, Galilée, 1997.

3. Michel Foucault, voir notamment *Le Corps utopique* suivi de *Les Hétérotopies*, Paris, Lignes, 2009.

exclus[1]. » L'utopie n'est pas désarrimée des trajectoires minuscules des vies étrangères dont les devenirs singuliers produisent des lieux autres, invisibles mais réels, qui nourrissent une culture de la marge. Au bout de l'exclusion, il reste la création singulière de l'exclu, cette impossibilité de se soustraire au désir d'œuvre malgré l'invisibilité sociale dont il est l'objet et qui en fait un *désœuvré*. Au bout du nomadisme il reste un style singulier en pointillé. C'est que le réel n'est pas seulement l'ensemble des pouvoirs actualisés, la succession rigoureuse des possibilités de faire visage mais tout autant l'affirmation des modes mineurs des laissés-pour-compte, une somme improbable de devenirs. Le devenir n'est pas une qualité seconde de la nation. Car « le devenir est le mouvement invincible de la vie immanente pour elle-même[2] », il fait événement même si (surtout si) cet événement est sous-évalué dans la construction de la nation, voire rendu invisible.

Ces remarques que nous développerons dans le prochain chapitre suffisent pour aborder le pouvoir des mots sous un autre jour. Il existe certes le rappel à l'ordre constant de la nation dans le langage, le style direct qui construit les impératifs nationaux et les vérifie par des interpellations, des formulaires, etc. Mais il y a également un appel à la survie linguistique qui perce dans la no-langue, à la fois dans les variations minoritaires que chaque vie étrangère (différence d'intonation, de syntaxe, de vocabulaire) fait subir à la langue de destination et dans la persistance de l'usage de la langue d'origine dans la langue de destination. La no-langue n'est pas inactive dans la langue nationale ; elle fabrique des

1. René Schérer, *Utopies nomades*, *op. cit.*, p. 17.
2. *Ibid.*, p. 29.

boucles de langage, discréditées certes par la langue nationale, mais productrices de formes verbales qui génèrent leurs propres boucles de vie. Dès lors, une nation ne peut se réduire au style direct des impératifs et des mots d'ordre. Elle se laisse également appréhender par le discours indirect des subalternes qui ne se contente pas de s'insérer dans ses plis mais modifie son « mobilier ». Les boucles de parole de la no-langue ne sont pas des boucles de paroles perdues. N'était-ce pas ce que voulait dire l'écrivain américain Dos Passos lorsqu'il faisait dire au jeune homme nomade qui ouvre le Prologue de *U.S.A.* :

> Les USA, c'est une tranche de continent. Les USA, c'est un ensemble de sociétés de portefeuille, des regroupements de syndicats, une liasse de lois reliées en cuir […]. Mais surtout, les USA, ce sont les paroles des gens[1].

Une nation n'est jamais seulement un visage, un territoire, elle est un ensemble de voix ordinaires qui déterritorialisent le visage. Grâce à elles, une nation peut être défaite en ses formes identifiées et être refaite autrement. C'est à une telle normativité que nous en appelons et cette normativité est indissociable d'un geste politique qu'il nous faut maintenant expliciter.

1. John Dos Passos, *U.S.A.*, trad. de l'anglais par Norbert Guterman, Yves Malartic et Charles de Richter, Paris, Gallimard, 2002, p. 35.

CHAPITRE IV

Défaire la nation

Frontières

Le geste qui sépare les *insiders* des *outsiders* et accrédite la consistance vécue de l'étranger est le même que celui qui produit la cohérence interne de celles et ceux qui se vivent *dedans* et dont l'identité est considérée comme donnée avec la forme nationale qui l'héberge. La naturalisation des identités nationales peut apparaître comme une condition de la fixation des identités étrangères. Déterminer le degré d'altérité de l'autre, c'est se départir de la possibilité d'être soi-même cet autre. La construction du coefficient d'altérité de vies dites étrangères est ainsi requise comme bouclier identitaire, comme élément d'un réarmement d'appartenance nationale. Pourtant la délimitation ne peut jamais être parfaite car elle ne peut jamais se rendre totalement homogène à la forme nationale qui la conditionne. Si toute délimitation procède d'un standard de la nation qui est réactivé grâce à la délimitation, toutes les délimitations engendrées *au motif* de la nation ne se rejoignent pas car l'identité nationale ne peut pas valoir comme un socle stable d'où émergeraient des *aptitudes* claires et distinctes à être dans la nation. Bien plus, cette identité nationale n'est que la fiction engendrée par la délimitation qui accrédite une entité *nation* par la désignation de *ses* étrangers. Loin de précéder la délimitation, l'identité nationale en procède. Elle est, de ce fait, une fiction instable, nécessairement troublée par les types de délimitation antagonistes qui l'activent. La réitération de l'identité nationale dépend largement du type de délimitation qui peut l'emporter dans le marché concurrentiel des frontières de la nation. Le *sujet national* qui est réitéré par le rôle intégrateur des frontières n'est assuré de l'être qu'à la condition que toutes les délimitations soient convergentes. Ce n'est manifestement pas le cas, ne serait-ce que du fait qu'un tel sujet peut toujours être sanctionné négativement par le type de délimitation qu'autrui peut faire émerger dans son dos. Il suffit que « je » soit séparé de son chez-soi par un « il(s) » pour que « je » sois désigné à mes dépens étranger. Aussi la délimitation autrui comme étranger, soi-même comme non-étranger n'est-elle jamais stable. *Soi-même comme étranger* reste toujours une éventualité, un effet contingent des multiplicités de délimitations qui font proliférer la fiction de la nation et la privent, *en réalité*, de toute identité clairement établie. *Étranger*, « je » suis donc toujours amené à pouvoir l'être, tant la nation n'est au fond rien d'autre que le genre performatif qui procède de la multiplicité des délimitations et de la réitération des identités nationales qui en résultent. Rien *ne fait* nation hormis la série des réitérations qui passent pour être légitimes, soit parce qu'elles sont requises directement par les relations de pouvoir qui produisent le label national (préfecture, guichet d'immigration, ministère de l'Identité nationale, etc.), soit parce qu'elles sont indirectement sollicitées dans les relations sociales (travail, voisinage, etc.).

La nation fait apparaître dès lors un étrange paradoxe. Rien ne fait nation, aucune identité nationale ne peut se réclamer d'une quelconque essence mais tout ne fait pas pour autant nation : sa généalogie procède de certaines relations de pouvoir habilitées à la réitérer comme nation, en lui conférant une consistance qui a valeur de transcendance. De telles relations de pouvoir accréditent l'idée d'une identité nationale en la rendant solidaire d'un tracé de frontières. Comme le signale Étienne Balibar, « toute discussion sur les frontières concerne précisément l'institution d'identités définies : nationales et autres[1] ». Au sens strict, l'identité n'est instituée que par la délimitation de la frontière. Elle est donc indissociable des politiques de la frontière qui font la nation. On vérifie par là que le bord de la nation (la frontière) est en relation intime avec le cœur supposé de la nation, son *dedans fantasmé*. Maintenir une frontière permet ainsi d'actualiser en permanence la *fiction* de l'identité nationale.

Il faut s'attacher à reconstituer le Meccano de la nation en le rapportant aux vies ordinaires. Parler d'une vie anonyme, c'est nécessairement parler « des libertés de personnes d'une nationalité [...] particulière, dont la vie est subsumée dans un territoire national gouverné par un pouvoir souverain[2] ». Comment ce processus se déroule-t-il ? La « tyrannie du national[3] » non seulement s'imprime dans les corps des sujets nationaux mais elle les façonne en permanence, en modifiant ses critères. La convention de

1. Étienne Balibar, *La Crainte des masses*, *op. cit.*, p. 392.

2. Edward W. Said, *Réflexions sur l'exil et autres essais*, *op. cit.*, p. 549.

3. Gérard Noiriel, *La Tyrannie du national. Le droit d'asile en Europe, 1793-1993*, Paris, Calmann-Lévy, 1991.

Schengen redéfinit, sur le plan européen, le type de sujet national propre à chaque nation en réformant le droit d'asile, les modalités d'immigration, les conditions du regroupement familial et en mobilisant un appareil policier pour lutter contre toute malfaçon[1]. Chaque État s'arroge ainsi un droit de quasi-propriété sur ses sujets. La *fiction* de l'identité nationale légitime ce monopole.

> Il est essentiel à l'État-nation de se comporter comme le propriétaire de ses ressortissants. Ce n'est que la contrepartie du principe d'exclusion, au moins relative et symbolique, des étrangers[2].

La genèse du sujet national, qui est soutenu par la transcendance *présumée* de la nation et qui, en retour, lui redonne vigueur, grâce au renvoi mutuel du tracé des frontières et de l'identité nationale, ne peut s'accomplir qu'au motif d'une exclusion de l'étranger, non seulement hors la loi[3] mais aussi hors normes[4]. L'exclusion de l'étranger, alors même qu'il est sur le territoire, son maintien dans l'exil deviennent, de ce fait, de véritables conditions d'affirmation d'une communauté. Si l'exil est « une solitude ressentie en dehors du groupe [...], la souffrance qu'on éprouve à ne pas être avec les autres, au sein de la communauté[5] », alors les frontières ne sont pas seulement extérieures, tra-

1. Sur ce point précis, lire Étienne Balibar, *La Crainte des masses*, *op. cit.*, p. 374.
2. *Ibid.*
3. Voir chap. II.
4. Voir chap. III.
5. Edward W. Said, « Réflexions sur l'exil », *Réflexions sur l'exil*, *op. cit.*, p. 245.

çant la ligne de partage entre le national et l'étranger, elles sont aussi intérieures aux sujets nationaux, devenant une « condition, un repère essentiel de leur sentiment collectif, communautaire, et donc [...] de leur identité[1] ». La frontière ne se réfère donc pas seulement à l'identité nationale : les jeux de pouvoir qui l'actualisent en permanence la transforment en ligne intérieure, ressource psychique. La vie psychique se développe sur la base de la frontière ; cette dernière, en étant intériorisée, construit « la normalité du citoyen-sujet national[2] ». Dès lors, il n'existe pas de frontière extérieure et intérieure sans l'allégation d'un exil qui, *a contrario*, la révèle.

Il peut sembler à première vue que les frontières ne s'affirment comme pouvoir de faire territoire que pour autant qu'elles délimitent un centre *supposé* de la nation, un nœud de relations de pouvoir d'où procède un gouvernement de la nation. Cependant, les frontières ne sont pas des entités claires et distinctes. En réalité, comme le souligne Étienne Balibar, elles sont à la fois surdéterminées, hétérogènes et polysémiques. Premièrement, les frontières ne sont pas également étanches ou fermées, elles construisent des types de ressortissants qui peuvent être considérés comme plus ou moins étrangers selon le rôle qui est dévolu à la frontière. Le rôle de la frontière varie en fonction de la configuration géopolitique dans laquelle un État-nation s'inscrit. Les conventions internationales qui ont rendu possibles dans les années 1950 et 1960 les migrations économiques réclamées par les États-nations européens ont créé des frontières susceptibles d'être franchies par des

1. Étienne Balibar, *La Crainte des masses*, *op. cit.*, p. 374.
2. *Ibid.*

ressortissants du Sud pour répondre aux demandes de main-d'œuvre des grandes industries nationales du Nord. La frontière est moins un régime de fermeture radicale qu'une relation du clos et de l'ouvert qui varie selon les intérêts des nations. Lorsque l'Europe se conçoit à la manière d'un camp retranché, le régime d'ouverture des frontières n'est pas aboli mais il est strictement codifié, d'un côté, selon la logique propre des nations qui « surveille et punit », de l'autre côté, selon les passages réels de frontières induits par les migrations internationales. Les frontières ne ferment pas ; elles rendent en revanche crédible la *supposition* d'une identité nationale en activant des registres de fermeture et d'ouverture et en mettant en branle des dispositifs de surveillance et de punition qui confèrent une réalité politique à l'idée de frontière.

Deuxièmement, les frontières sont hétérogènes. Elles ne sont pas simplement des marqueurs spatiaux qui distinguent un territoire d'un autre territoire. « Certaines frontières ne sont plus du tout situées aux frontières, au sens géographico-administratif du terme, mais sont ailleurs, partout où s'exercent des contrôles sélectifs[1]. » Les frontières relèvent d'une technologie sécuritaire qui ne se réduit plus à la surveillance aux abords de la nation. Cette « nouvelle ubiquité de la frontière » correspond à une nouvelle ubiquité du sécuritaire qui nécessite de strier le territoire, de quadriller l'espace social en fonction des degrés de dangerosité des sujets mais aussi des diverses formes de vie (virus ou autres). De telle sorte que l'alternative n'est plus entre un dedans et un dehors mais dans le dedans lui-même, entre des types d'agencements et d'autres types d'agencements, entre telle circulation de

1. *Ibid.*, p. 378.

marchandise et telle autre circulation de marchandise[1]. Chaque frontière crée des lieux vivables et des lieux invivables. Toutes les frontières se rapportent cependant les unes aux autres en connectant entre eux les lieux vivables et en agrégeant les lieux invivables en périphérie générale nécessitant des contrôleurs, des interprètes et une police dont les fonctions sont alors démultipliées.

Troisièmement, les frontières sont polysémiques : elles n'ont pas le même sens pour les choses et pour les personnes ni « le même sens pour tout le monde[2] ». Tout d'abord, une frontière peut être franchie dans les deux sens, selon que l'on quitte un pays ou que l'on y entre et cette indétermination du mouvement de la frontière est indissociable des usages subjectifs de la frontière. Différentes expériences de la loi, de la circulation, de la liberté en résultent, qui différencient les individus selon les impératifs de classe, de genre, d'ethnie et les pratiques de discrimination qui s'y rapportent.

> Pour un riche d'un pays riche, tendanciellement cosmopolite, la frontière est devenue une formalité d'embarquement, un point de reconnaissance symbolique de son statut social qui se franchit au pas de course. Pour un pauvre d'un pays pauvre, la frontière est tendanciellement tout autre chose : non seulement c'est un obstacle très difficile à franchir, mais c'est un lieu où l'on revient sans cesse se heurter, que l'on passe et repasse au gré d'expulsions et de regroupements familiaux, dans lequel finalement on séjourne[3].

1. Voir Wendy Brown, *Murs*, *op. cit.*
2. Étienne Balibar, *La Crainte des masses*, *op. cit.*, p. 377.
3. *Ibid.*, p. 379.

Ainsi les vies se trouvent-elles diversement impliquées par les frontières. Certaines vies abolissent les frontières en les franchissant, tandis que d'autres sont reconduites vers elles, vers les frontières intérieures configurées par les différentes relations de pouvoir, vers les frontières extérieures, effectuant des allers-retours précaires liés au circuit maudit de la reconduction et des passages incertains. D'un côté, les frontières se démultiplient, elles ne résument pas de façon univoque « les fonctions de souveraineté, d'administration, de contrôle culturel, de taxation[1] » d'un territoire. De l'autre, des vies admises à passer les frontières et à les oublier s'opposent à des vies condamnées à devenir des vies de frontières.

Dès lors, l'*étranger* est moins quelqu'un qu'un mode d'être assigné à quelqu'un en vertu d'une opération de marginalisation qui construit la *qualité* de déviant, de rôdeur, de voyou. De telles qualités, comme Derrida le signale à propos du voyou, sont toujours des attributions, c'est-à-dire tout à la fois des interprétations et des assignations[2]. L'étranger est un nom enclin à devenir « un attribut ou un adjectif toujours très qualificatif, le plus souvent péjoratif et dénonciateur [qui] projette une évaluation normative, voire performative, une insulte méprisante ou menaçante, une appellation qui entame un procès et se prépare à poursuivre devant la loi[3] ». L'appellation d'étranger se présente donc toujours comme une interpellation potentielle[4]. Elle signale à quelqu'un qu'il

1. *Ibid.*, p. 385.

2. Jacques Derrida, *Voyous. Deux essais sur la raison*, Paris, Galilée, 2003, p. 116.

3. *Ibid.*, p. 96.

4. À propos du voyou, Derrida note : « C'est une appellation qui ressemble déjà à une interpellation virtuelle. »

est assigné à une marge, condamné à rendre compte de sa position en permanence : l'étranger, comme le voyou, « doit comparaître devant la loi[1] ».

L'étranger est ainsi ce sujet *supposé décevoir* qui fait corps avec des mésusages, une vie de contrefaçon, de contre-nation. Il est alors inévitablement surdéterminé : banlieusard, profiteur, délinquant, saboteur, terroriste, criminel, en *défaut* de citoyenneté. Si, d'un côté, tous les individus dangereux tendent à être désignés comme des étrangers à la nation, il faut souligner, d'un autre côté, que l'étranger ainsi *rendu* dangereux se voit, *a priori*, refuser l'accès à la citoyenneté qui ferait de lui un membre de la nation. Là où « la délivrance de papiers d'identité marque l'acquisition d'un statut et l'obtention d'une place dans la société[2] », le refus de cette délivrance signale *a contrario* à l'étranger que sa place sociale n'est pas assurée au même titre que sa citoyenneté. Ce refus de *citoyenneté* est directement articulé à la surdétermination de l'étranger comme sujet dangereux. Une vie dangereuse est une vie dont les modes d'être ne sont plus réglés par le droit mais par la comparution devant la loi, le *procès*.

Subcultures

Peut-on contrer l'affirmation excluante des frontières et contribuer à défaire l'ordre identitaire et exclusif de la nation ? Les identités nationales intègrent des différences,

1. *Ibid.*

2. Évelyne Ribert, *Liberté, égalité, carte d'identité. Les jeunes issus de l'immigration et l'appartenance nationale*, Paris, La Découverte, 2006, p. 142.

mais tantôt elles les maintiennent à la lisière, en bordure, tantôt elles les *stéréotypisent* en les reversant du côté de l'exotique. Ces deux assomptions de la *différence étrangère* signalent son extrême construction : elle est constamment recadrée et redéfinie par la nation qui la *reçoit*. La différence, rejetée ou acceptée, dépend toujours du milieu social qui en capture l'énergie.

Il existe différentes façons de faire nation, différentes manières de faire frontière. La Grande-Bretagne n'est pas la France. Les États-Unis ne sont pas le Canada. Ici il peut y avoir multiculturalisme, là maintien d'une unité réclamée. Des pays sont plus intégrateurs que d'autres. Reste qu'ils dépendent toujours du jeu des frontières qui creusent une limite formelle et informelle entre celles et ceux qui se vivent comme *dedans* (*insiders*) et toutes les vies qui se perçoivent comme *dehors* (*outsiders*). Les frontières ne doivent cependant pas être essentialisées, sauf à vouloir donner un contenu univoque à l'identité nationale. En réalité, il n'existe pas d'opposition fixe entre le dedans et le dehors car, d'une part, les frontières sont multiples et équivoques et, d'autre part, elles sont renégociées, refaçonnées par les vies qui les contestent au point d'être parfois rendues illisibles. La frontière crée des régimes d'altérité mais elle ne peut totalement les *essentialiser* car elle se heurte à des formes actives de résistance. Suspendre une vie en la mettant à distance ne la prive pas de la capacité de rétroagir sur la frontière et de maintenir un *contact vital* avec celle-là même qui veut l'expulser. C'est pourquoi la frontière ne peut que *placer* une vie à la bordure et, par conséquent, ne peut annuler sa possibilité de la hanter, soit en la franchissant, soit en la contestant. En expulsant l'étranger hors des frontières de la nation ou en le maintenant en position subalterne dans les espaces marginalisés de la nation, les États établissent, malgré eux, un lien entre national et étranger. Le national ne peut surgir que comme le non-étranger, mais, en retour, l'étranger acquiert une haute valeur définitoire : il fait tenir le groupe national en étant posé comme *différent* de lui. La différence n'existe que dans la relation d'exclusion que le groupe maintient à l'égard de l'étranger. Le groupe a donc besoin de *ses* étrangers pour exister, comme l'a si bien compris Georg Simmel :

> Bien que ses attaches avec le groupe ne soient pas de nature organique, l'étranger est cependant membre du groupe, et la cohésion du groupe est déterminée par le rapport particulier qu'il entretient avec cet élément[1].

La nation recourt aux étrangers pour se définir comme nation mais, ce faisant, elle fait *entrer* l'étranger dans la nation et ne parvient pas à le tenir à distance. Le territoire n'existe alors que connecté aux puissances de vie qui le déterritorialisent et ces puissances de vie supposent, en retour, une surface sociale d'enregistrement, ce que Deleuze nomme un *socius*. « Comment des lignes de déterritorialisation seraient-elles même assignables hors des circuits de territorialité[2] ? »

Il faut alors souligner la puissance positive des vies alternatives, qui ne sont plus seulement des *modes défaillants* de la nation. Il existe une *puissance singulière* de l'étranger

1. Georg Simmel, « Digression sur l'étranger », in Yves Grafmeyer et Isaac Joseph (dir.), *L'École de Chicago. Naissance de l'écologie urbaine*, Paris, Aubier, 1994, p. 59.
2. Gilles Deleuze et Félix Guattari, *Mille Plateaux*, *op. cit.*, p. 47.

qui fait irruption dans l'ordre national, à la bordure. Le territoire national *exclut* l'étranger mais l'étranger défait le territoire, invente un autre territoire. « Il faut penser la déterritorialisation comme une puissance parfaitement positive qui possède ses degrés et ses seuils, et toujours relative, ayant un envers, une complémentarité dans la reterritorialisation[1]. » Nul substrat national donc, mais des rapports de composition et de décomposition qui créent la vie de la nation, laquelle se refait toujours autrement, hors de son centre originaire supposé. La nation se rêve identique à elle-même mais n'existe qu'exorbitée. Ce rêve d'identité induit le mythe d'une nation homogène focalisée sur « une définition exclusive de la tribu[2] ». Les nations, ainsi que l'a montré Benedict Anderson, sont autant définies comme communautés politiques effectives reposant sur des relations de pouvoir, un usage des frontières, que comme « communautés imaginées[3] ». Penser la nation, c'est alors déterminer, d'une part, les modes de déploiement de l'imaginaire national, ses connexions avec les modes du gouvernement politique, et restituer, d'autre part, les modes de « créolisation[4] », les emprunts qui débordent une culture.

Une nation s'élabore à la fois dans des processus d'acculturation et de transculturation. Il existe des processus par lesquels une minorité se fond dans la culture dominante (acculturation), mais il existe aussi une logique d'emprunt

1. *Ibid.*, p. 71.

2. Stuart Hall, *Identités et cultures*, *op. cit.*, p. 247.

3. Benedict Anderson, *L'Imaginaire national. Réflexions sur l'origine et l'essor du nationalisme*, trad. de l'anglais par Pierre-Emmanuel Dauzat, Paris, La Découverte, 1996.

4. Mary Louise Pratt, *Imperial Eyes : Travel Writing and Transculturation*, Londres, Routledge, 1992.

des matériaux de la culture dominante par la culture dominée qui se les réapproprie et en fait des usages singuliers. L'acculturation marginalise la transculturation mais ne peut pour autant éviter tout contact, tout emprunt et toute dissémination, comme l'a montré l'ethnologue cubain Fernando Ortiz en soulignant les emprunts que les Blancs font à la musique noire[1]. Ces processus de transformation peuvent également être illustrés par les croisements de langues. Un exemple de ces hybridations qui naissent des contacts transfrontaliers des langues est le créole haïtien, croisement dynamique de langues africaines et de mots empruntés à la langue française, y compris à des langues régionales. Il n'est pas de langue qui échappe à de tels mélanges. Si la langue est souvent appréhendée comme structure invariante n'admettant de variations qu'à la marge, il importe plutôt de la comprendre, du fait des emprunts transculturels qu'elle charrie, comme une « réalité composite essentiellement hétérogène[2] ». Chaque langue est affectée en son dedans par le dehors qui la heurte. Si le majoritaire colonise le minoritaire, le minoritaire fait son nid dans le majoritaire et le transforme de manière irréversible. Comme le révèle le sociologue William Foote Whyte dans son étude du quartier italo-américain de Cornerville à New York, « les Italiens qui s'installaient à Cornerville amenaient avec eux [...] leur langue et leur coutume[3] » : les *paesani* qui vivent ensemble

1. Fernando Ortiz, « Tambours des Noirs, tambours des Blancs » ou « La transculturation blanche des tambours des Noirs » [1952], *Percussions*, n° 9, 2006.

2. Gilles Deleuze et Felix Guattari, *Mille Plateaux*, *op. cit.*, p. 117.

3. William Foote Whyte, *Street Corner Society. La structure sociale d'un quartier italo-américain*, trad. de l'anglais par Suzy Guth, Jean Sevry *et al.*, Paris, La Découverte, 2002, p. 37.

redéploient les fêtes de leur village ou ville de provenance, et forment une communauté qui s'affirme par le maintien de la langue italienne. Cette dernière ne se contente pas de rester dans l'enclave du quartier : elle s'intègre aux rouages de la métropole et en vient à se composer avec la langue anglaise. Dans les communautés noires américaines, l'existence d'un « anglais noir » atteste d'une grammaire vernaculaire afro-américaine singulière. L'étude de William Labov, *Le Parler ordinaire*, souligne combien ce parler ordinaire afro-américain a recours à des « habilités verbales » utilisées dans les récits pour rapporter des événements passés (enrichissement de la syntaxe narrative, usage d'intensificateurs [gestes, phonétisme expressif], de comparateurs...), qui déploient des ressources linguistiques très performantes à l'intérieur d'une même culture, lui donnant une cohésion et confirmant ainsi que « la forme de langue la plus hautement appréciée est celle qui, traduisant le vécu, se transforme en œuvre dramatique[1] ».

Si des différences surgissent dans la nation, lui faisant quitter les ornières de sa territorialité identitaire, il faut alors se demander comment elles se construisent et parviennent à se nicher dans le giron national. Trois registres peuvent être distingués, selon que l'on se place du côté des formes visibles de la domination ou, au contraire, du côté des manières d'être invisible des subalternes. Il existe, en effet, une politique des différences qui renforce le pouvoir des dominants et aboutit à l'établissement d'une culture hégémonique de la domination. Il existe également une socio-

1. William Labov, *Le Parler ordinaire. La langue dans les ghettos noirs des États-Unis*, trad. de l'anglais par Alain Kihm, Paris, Minuit, 1993, p. 503.

logie des différences qui renforce la subculture cohérente des dominés. Il existe enfin une dissémination des différences qui se joue partiellement de la partition des relations de pouvoir et produit des formes hybrides.

Il revient à James Scott d'avoir analysé cette séparation en développant une analyse du pouvoir en termes de discours public et de discours caché. Les relations de pouvoir ne peuvent pas être comprises uniquement en fonction des apparats visibles qu'elles déploient, elles mobilisent également des ressources cachées, des versions souterraines. Si le pouvoir est un ensemble de techniques à haute valeur de communication, comme l'a montré Foucault à propos du pouvoir disciplinaire[1], il est à penser dans le même temps comme séparateur. James Scott souligne que « les dominants élaborent un texte caché comprenant les pratiques et les dessous de leur pouvoir qui ne peuvent être révélés publiquement » mais il prend soin également de noter que « tout groupe dominé produit, de par sa condition, un "texte caché" aux yeux des dominants, qui représente une critique du pouvoir[2] ». Pour les dominants, la raison d'être du texte caché est la dissimulation, tandis que pour les dominés elle réside dans la possibilité d'une critique, fût-elle la plus ténue. Les relations de pouvoir admettent donc une part visible et une part invisible. « Chaque forme de pouvoir a de fait non seulement sa scénographie particulière, mais aussi son linge sale bien à elle[3]. » Si les

1. Tel est en particulier le sens de la phrase de *Surveiller et punir* : « Quoi d'étonnant si la prison ressemble à l'école qui ressemble aux usines qui ressemblent aux prisons. »

2. James C. Scott, *La Domination et les Arts de la résistance*, *op. cit.*, p. 12.

3. *Ibid.*, p. 25.

dominants ont intérêt à apparaître publiquement comme des « maîtres » et les dominés comme des « serviteurs », ces positions publiques ne suffisent pas à rendre compte des relations de pouvoir. Il faut leur adjoindre un texte caché qui est un texte insu, pratiqué dans le secret d'une culture hégémonique ou d'une subculture subalterne séparée. « Chaque participant, note Scott, connaît le texte public et le texte caché de son groupe respectif, mais n'a pas accès au texte caché de l'autre groupe[1]. » Dans cette bipartition, les jeux sont loin d'être égaux. Car ce qui définit un groupe dominant, c'est précisément sa capacité à faire triompher son texte public sur le texte public du groupe des subalternes mais aussi sur son texte caché. Le texte public des dominants qui se résout en une série de justifications idéologiques et culmine dans une culture de « l'autoportrait des élites dominantes telles qu'elles aimeraient être vues[2] » s'impose aux dominés. Sa fonction est multiple, comme le souligne Scott : le texte public est là pour inspirer la crainte, pour créer une impression d'unanimité au sein des groupes dominants, pour maintenir cachés des faits sociaux significatifs ou pour euphémiser des conduites lourdes (comme le licenciement)[3]. Dans tous les cas, il est destiné à « convaincre les subordonnés que leur subordination est juste[4] ».

Scott concentre son analyse sur le texte public des subalternes qu'il confronte avec le texte caché. Tandis que le premier implique des gestes de déférence et des mar-

1. *Ibid.*, p. 29.
2. *Ibid.*, p. 32.
3. James Scott développe toutes ces caractéristiques dans le chapitre III, « Le texte public comme performance du respect ».
4. *Ibid.*, p. 82.

queurs linguistiques de subordination, le second est révélé par des pratiques de dissimulation qui peuvent, le cas échéant, être des pratiques déviantes. Le lien entre le texte public de la domination et le texte caché des dominés est établi par Scott qui note que « la domination crée le texte caché » dans la mesure où ce dernier « représente un discours – sous forme de gestes, de paroles, de pratiques – qui est maintenu à l'écart du texte public des subalternes par la pratique du pouvoir »[1]. En d'autres termes, être subalterne c'est se voir coupé en deux par la structure de pouvoir dans laquelle on est pris, qui, d'un côté, impose un scénario public de la soumission et qui, de l'autre, rejette dans les coulisses de la scène de la domination toutes les pratiques qui ne sont pas lissées par cet impératif. Le texte caché ne correspond donc pas nécessairement à un texte *déviant*, mais il a un potentiel critique indéniable du fait qu'il traduit tout ce qui ne cadre pas, dans la vie du pouvoir, avec l'impératif de soumission et ne parvient pas à émerger du fait de cet impératif.

Le texte caché se signale par son extrême cohérence puisqu'il procède de l'obligation pour les subalternes de réagir au texte public des dominants. Il est, en ce sens, porteur d'une double dimension : il répond à la nécessité vitale de tenir bon dans la domination mais également au désir de vivre malgré la domination. Il noue la servitude et le désir et contribue dès lors au renforcement de la servitude comme au désir de la contrer. Ces deux dimensions, qui pourraient sembler antagonistes, définissent une subculture. La subculture est l'ensemble des attitudes communes qui, dans le même mouvement, permettent de tenir dans la

1. *Ibid.*, p. 41.

servitude et de désirer vivre hors d'elle. C'est pourquoi le texte caché des subalternes obéit à deux fonctions.

Il est, premièrement, porteur d'une forte valeur de contrainte. Les subalternes ne peuvent se dérober aux pratiques, attitudes et gestes du texte caché sans être mis à l'écart du groupe auquel ils appartiennent : le bénéfice en est « une manière commune de voir le monde », doublée d'une appartenance à un ensemble convergent de codes, de mythes, de normes morales et héros identificatoires[1] qui leur donne les moyens de tenir malgré la domination, même si le coût de cette soumission au texte caché est le sacrifice de l'individualité du subalterne.

Il identifie, deuxièmement, des registres collectifs de la *résistance* qui finissent par être admis mais plus encore suscités par la condition sociale des subalternes. Les pratiques de chapardage et de maraudage chez les esclaves, le braconnage, l'occupation illégale des terres, le glanage non autorisé chez les paysans suggèrent que les pratiques de cohésion de la subculture incluent des pratiques de résistance. Le texte caché ne se contente pas de régler la forme interne de la soumission, il révèle les types de résistance invisibles.

Les hypothèses de James Scott sont particulièrement fécondes pour l'analyse des diverses formes de différences qui surgissent dans une nation. Elles permettent en particulier de revenir, de manière critique, sur certaines spécifications de l'étranger comme être du manque. Très souvent, en effet, l'étranger est appréhendé comme un être de *creux* dont la condition est fixée par l'appartenance à une communauté d'inscription. Celle-ci est alors toujours pensée en

1. *Ibid.*, p. 151.

termes de défaut : défaut de marquage par la nation d'accueil qui se signale comme un défaut de droit, de papiers, de logement, de travail, etc. En même temps, ces défauts s'agrègent à des traces. Être étranger, c'est alors être marqué d'un défaut par une communauté qui ne cesse de construire la traçabilité de ses sujets et de déréaliser les autres en en faisant des spectres de la nation.

Aucune politique de la nation ne peut ainsi exister sans une « hantologie », pour reprendre le mot de Derrida, une *science* des spectres de la nation, dont l'apparition est toujours *étrangère*, « exappropriante[1] ». Les *étrangers* sont des *spectres* déclarés : d'un côté, la fantomisation de l'étranger créée par la nation pour *essentialiser* son identité, la délivrer de toute contingence historique, la parfaire, la polir ; de l'autre côté, l'incarnation de l'étranger qui ne peut être totalement effacée et troue les frontières. Le devenir fantomatique de l'étranger est bien une création de la nation, une *vue de l'esprit* qui s'efforce de rendre l'étranger invisible. Si « le fantôme est le phénomène de l'esprit[2] » par excellence, l'esprit de la nation se reconnaît à sa façon de rendre le visible invisible, à son « art de faire disparaître, [de] rendre inapparent[3] » tout ce qui en excède le tracé, tout ce qui en perturbe les contours. Quelqu'un n'est déjà plus qu'un *absent*, une vie dont la *disparition* est la seule issue politique. L'on pense aux *expulsés* de Sangatte, aux reconduites à la frontière, à toutes les vies qui ne peuvent séjourner et sont renvoyées dans le circuit de la migration perpétuelle. Car ou bien elles partiront du territoire, ou bien elles

1. Jacques Derrida, *Spectres de Marx. L'état de la dette, le travail du deuil et la nouvelle Internationale*, Paris, Galilée, 1993.
2. *Ibid.*, p. 216.
3. *Ibid.*, p. 204.

partiront de la résidence précaire (square, habitat de fortune, camp dans une forêt, etc.), qui sera défaite (« jungle » de Sangatte) pour rendre les étrangers déjà fantomatiques encore plus invisibles.

Une vie peut-elle se réduire à la traque qui la rend fantomale ? Une vie peut-elle n'être que consentement à sa propre disparition, à son ajournement ? Cela reviendrait à assimiler l'étranger à cet autre *enfin* éloigné et à penser que le *fantôme* n'entre jamais en scène[1]. D'une manière très éloquente, Derrida écrit à propos du fantôme que « tout autre est tout autre[2] ». La fantomisation se heurte à l'incarnation. L'absence *attendue* de l'étranger est contredite par sa signature, qui jaillit dans la nation même, à l'intérieur du groupe de référence qui veut pourtant l'exclure.

L'incarnation de l'étranger ne définit pas un programme de vie. Elle est bien davantage l'affirmation d'un fourmillement d'entrelacs avec le monde qui sont dépendants d'autant de désirs d'habiter le monde, de le faire *sien* en adoptant une langue et une nation qui ne sont pas forcément les siennes. Elle est négativement un *refus des parages* afin de *survivre*[3]. Positivement elle signale un désir de pouvoir émerger enfin dans un anonymat souverain, cela même que Derrida nomme le « don » : « et se rappeler qu'ailleurs le don est défini comme cela seul qui livre à l'anonymat, à l'oubli du nom, au sans nom, au pas de

1. Sur ce point, et d'une manière plus générale sur l'analyse du fantôme chez Derrida, se reporter à Guy Petitdemange, « De la hantise : de Marx à Derrida », dans le dossier consacré à « Derrida politique », *Cités*, n° 30, p. 17-29.

2. Jacques Derrida, *Spectres de Marx*, *op. cit.*, p. 275.

3. Jacques Derrida rapproche ces deux éléments dans son livre consacré à Maurice Blanchot, *Parages*, *op. cit.*

nom[1] ». L'étranger garde le *don* de vouloir n'être personne en fuyant le nom qui l'assigne à la dette du départ. Autant de dépaysements dans le pays lui-même, bousculant les divisions du proche et du lointain, se révélant tel un pas qui « s'emporte comme labyrinthe, [qui] a la structure d'un labyrinthe[2] ».

Si l'étranger surgit comme un *nommé* (voyou, rôdeur, etc.), c'est qu'en lui se maintient une puissance de l'*innommé*, une vie anonyme qui peut encore n'être personne quand tout la désigne comme quelqu'un. Ne pas se désigner soi-même comme étranger, c'est prendre acte qu'il existe d'autres noms que celui-là, des noms qui sont en rapport avec d'autres désignations. Une vie étrangère transite par d'autres noms (noms communs, noms propres) dont les usages relèvent moins d'une politique de l'étranger (la nation) que d'une *infra*-politique des groupes subalternes. Si les étrangers subalternes « n'ont pas d'histoire et ne peuvent pas parler[3] » tant ils sont relégués dans l'ombre, ils n'en développent pas moins des contre-narrations.

Trois cas de figure doivent être pris en considération. Premièrement, la politique de la nation crée des différences inassimilables qu'elle rejette au-delà de ses frontières et des différences assimilables qu'elle intègre à ses circuits narratifs. Les différences tolérées ont pour fonction de neutraliser les différences inacceptables que l'*ethos* étranger est censé porter avec lui ; elles ne peuvent y parvenir qu'en durcissant ces dernières et en s'exhibant elles-mêmes comme différences de surfaces. Les nations ne cessent

1. *Ibid.*, p. 64.
2. *Ibid.*, p. 34.
3. Gayatri Chakravorty Spivak, *Les subalternes peuvent-elles parler ?*, *op. cit.*, p. 53.

d'accrocher à leur veste des *pin's* ethniques, petits gadgets exotiques qui ne remettent aucunement en question leur ordre propre. Ces gadgets de l'altérité s'accommodent en apparence de l'étrangeté, la capturent en réalité. Ils participent d'une stratégie « auto-immunitaire » de la nation qui intègre certains éléments de l'étranger pour mieux s'en protéger. Car, comme le signale Derrida, la protection de la démocratie s'accompagne d'une exclusion des « ennemis domestiques de la démocratie[1] ». Seulement l'exclusion de la démocratie ne peut se faire qu'au motif de la démocratie. C'est donc uniquement si elle *démontre* que l'espace public est troublé par des formes de vie qui sont incompatibles avec lui qu'elle peut légitimer l'argument de l'expulsion. C'est pourquoi il existe une connivence entre l'argument de l'assimilation et le fait de l'expulsion. Assimilation et expulsion répondent d'un même geste qui renvoie à la délimitation d'un espace public et à son appropriation. Les différences assimilables de l'étranger renvoient à un étranger déjà *approprié*, corrigé, réformé, dont le caractère d'étranger n'est presque plus en question. Les différences inassimilables de l'étranger renvoient en revanche à un étranger toujours *inapproprié*, irréformable, dont le caractère d'étranger est constamment sur-manifesté. *Renvoyer* les étrangers est alors une manière pour la nation de confirmer son espace public. Le renvoi de l'autre peut paraître dès lors comme « une fatalité auto-immunitaire inscrite à même la démocratie[2] » qui prend des formes diverses : exclusion du territoire, relégation dans des camps, interdiction de participation électorale, etc.

1. Jacques Derrida, *Voyous*, *op. cit.*, p. 60.
2. *Ibid.*, p. 61.

Deuxièmement, *l'infra*-politique des groupes subalternes ne cesse de produire des différences dont le rôle est de consolider l'appartenance au groupe. En faisant émerger ou réapparaître des pratiques habituelles à la nation d'origine, les étrangers ne se contentent pas de se soumettre à la nation de destination, ils valident leur appartenance à une entité qui leur donne des raisons de vivre. C'est ici qu'intervient à nouveau l'idée du « texte caché » des subalternes développée par James Scott. Du point de vue du texte public de la nation, le *bon étranger* s'assimile à l'ordre national en annulant ses différences inassimilables tandis que le *mauvais étranger* est perçu comme un danger troublant l'ordre des frontières. Du point de vue du texte caché des groupes subalternes, la logique est moins celle de l'*assimilation* que de l'*incarnation*. Que signifie être incarné ? Disposer des possibilités vitales d'un corps, être dans un rapport étroit avec un désir inextinguible de vivre. L'incarnation ne saurait se réduire à l'assimilation, sauf à amputer les vies de tout désir. En réalité, l'incarnation suggère que la scène publique de la nation ne peut exister sans les coulisses des modes de vie des subalternes. Ces coulisses sont le plus souvent hermétiques, elles reposent sur la cohérence interne qu'elles sont capables d'opposer partiellement à la scène de domination. De son côté, le texte public s'appuie sur le texte caché et le sollicite. À la culture officielle de la nation s'opposent ainsi les subcultures des groupes subalternes que composent notamment les étrangers.

Si les différences produites par le texte public de la nation et les différences affirmées par les groupements subalternes semblent se tourner le dos, il serait erroné de croire que les modes de vie des subalternes s'affirment seulement en coulisse, sans troubler l'espace public en le désidentifiant partiellement, en le rendant étranger à lui-même. L'étranger est un *spectre incarné*. Non seulement la politique de la nation ne peut faire disparaître *l'infra*-politique des subalternes car elle s'appuie partiellement sur elle, mais cette dernière se dissémine dans la nation au point de la défaire : c'est cette logique que je nomme « hybridation ».

Hybridations

L'hybridation n'a rien d'un mythe. Elle ne se confond pas avec la culture mondialisée faite d'emprunts à la cuisine italienne, à la littérature américaine, à la méditation orientale, etc. Il faut la comprendre comme un processus de composition qui naît de la rencontre entre des formes impersonnelles. Une langue se compose avec une autre et se trouve affectée par certains usages de celle-ci. Des modes de vie sont réinventés, au contact de différences non maîtrisées. L'hybridation ne se rapporte donc pas à une identité qui désire s'ouvrir à une altérité. Elle doit être conçue au contraire comme la résultante des flux et ne peut manquer de proliférer dans le cadre d'une histoire des relations entre nations et à l'intérieur des nations, entre groupes ethniques différents. L'Europe, qui a construit sa puissance au XIXe siècle en fabriquant des empires coloniaux, est un théâtre particulièrement riche de flux relationnels. « L'histoire de la modernité est inscrite dans l'histoire des relations entre l'Europe et les *autres*[1]. » L'Amérique,

1. Mark Alizart, Stuart Hall *et al.*, *Stuart Hall*, *op. cit.*, p. 83.

avec le problème noir, avec ses flux migratoires, est également secouée par des séismes relationnels. Aussi, le régime de différences que veut endiguer l'État-nation ne cesse de revenir sous la forme des différences propagées par les différentes subcultures. Comme le souligne Stuart Hall, « il faut nous habituer, non pas à la pureté traditionnelle des formes culturelles, mais à leur hybridation, il faut nous habituer au fait que ces formes culturelles sont brouillées, il faut nous habituer au mélange de l'ancien et du nouveau[1] ».

Si la question se pose de savoir quel régime de différences nous pouvons accepter et quel régime de différences nous devons refuser, il s'agit tout autant d'identifier ce « nous » qui s'affirme *juge* des différences. Toute évaluation des différences n'est pas à abolir : nous devons pouvoir statuer sur le port du voile, sur la position subalterne de la femme dans beaucoup de cultures, etc., sans en même temps nous ériger en surplomb, faisant valoir une identité arrogante qui annule les différences perçues, à tort ou à raison, comme incompatibles avec *nous*. Cette critique des différences ne peut être qu'une critique *tolérante* qui renonce à ériger sa propre différence en norme universelle. « S'il y a des différences dans le monde, le fait que des individus aient une vie différente de la mienne est chose légitime[2]. »

Cependant, le problème des différences ne se résout pas de manière seulement subjective. Ce serait manquer le site de production des différences qui est un ensemble de flux ne pouvant être délimités par avance et se raccordant les

1. *Ibid.*, p. 85.
2. *Ibid.*, p. 82.

uns aux autres. C'est la vitalité des flux qui crée de l'hybridité, de la créolisation. Cette hybridité ne relève pas de l'intention personnelle d'un sujet qui s'efforce de devenir autre (voir sur ce point notre dernier chapitre). Elle se comprend comme pouvoir de la vie s'affirmant à partir d'un site originaire que Pierre Fédida nomme « le site de l'étranger ». Qu'est-ce qu'un site ? Moins un lieu fixé dans des limites précises qu'un « archi-lieu », une espèce de zone virtuelle. « Le site porte le virtuel des lieux qu'il rassemble sans en tenir aucun pour "point de vue" puisque ce qui lui est propre c'est l'engendrement d'autant de points de vue comme localités inactuelles[1]. » L'hybridation connecte dès lors des espaces les uns aux autres en intensifiant la propagation des flux dans les espaces, au point de traverser d'autres espaces et d'entrer en contact avec de nouveaux flux.

Elle relève ainsi d'une stratégie vitale de composition d'une forme de vie avec d'autres formes de vie et doit être pensée comme un rapport de composition et de décomposition, induisant des affects de joie et de tristesse. Joie de l'ouverture à d'autres formes de vie qui augmente sa puissance d'être mais tristesse aussi de l'ouverture qui diminue sa puissance d'être, force le barrage de l'identité sans conduire à une identité supérieure, et débouche sur une sorte de *no man's land*.

L'étranger n'est donc pas seulement une *désignation*, il est aussi une *puissance* de vie qui participe de l'hybridation, du brouillage. Ce qui veut dire qu'il n'existe pas de plan de la pureté originaire. L'hybridation, tout compte

1. Pierre Fédida, *Le Site de l'étranger. La situation psychanalytique*, Paris, PUF, 2009, p. 67.

fait, s'affirme comme immanence à la vie. Ne pas pouvoir faire autrement que s'efforcer de « persévérer dans son être[1] », c'est reconnaître en même temps, ainsi que l'affirme Spinoza, que toute vie singulière « ne peut exister, ni être déterminée à opérer, à moins d'être déterminée à exister et à opérer par une autre chose[2] » qui, à son tour, est déterminée à exister par autre chose qu'elle-même. L'immanence à la vie appelle la puissance de vie d'un existant singulier dans les limites infinies des altérations permanentes liées aux rencontres, bonnes ou mauvaises. La plasticité de la vie s'affirme à l'occasion de telles rencontres, lesquelles surgissent dans des déplacements, des frayages, des migrations. Il ne s'agit donc pas de faire de l'étranger une figure ontologique mais de comprendre qu'il participe, à sa manière *désignée*, de l'hybridation nécessaire au déploiement de la vie.

Dans *Mille Plateaux*, Gilles Deleuze et Félix Guattari opposent la vie nomade au pouvoir des États sédentaires. D'un côté, les frontières, les contrôles, les stratifications des machines despotiques des États sédentaires. De l'autre, le lissage des espaces par les flux de vie, les créations transfrontalières des machines de guerre nomades. Cette opposition dramatisée par les deux auteurs comme le combat de Goliath et de David permet d'entrer plus en avant dans la compréhension de la dispersion. La territorialisation exclusive ne saurait abolir la déterritorialisation nomade. La déterritorialisation, c'est le *trou nomade* dans les plis de l'État-nation, c'est le « Dispars » opposé au

1. Spinoza, *Éthique*, partie III, proposition VI, trad. du latin par Bernard Pautrat, Paris, Seuil, 1988, p. 217.
2. *Ibid.*, partie I, proposition XXVIII.

« Compars »[1]. L'un placarde des mots d'ordre qui font advenir de l'État tandis que l'*autre* ne cesse de produire des variations, « de mettre les variables elles-mêmes en état de variation continue[2] ». On trouve ainsi cette proposition fondamentale que « l'État est amené perpétuellement à réprimer les sciences mineures et nomades [et] s'oppose aux essences vagues[3] ». Seulement, la bordure des essences vagues prolifère dans le centre supposé, essaime en se dispersant, en faisant *rhizome*. L'hybridation peut être pensée comme cette mise en variation continue des variables minoritaires qui s'agrègent à d'autres variables mais également *colonisent* (la colonisation des *vaincus*) les constantes majoritaires et les *désidentifient*. L'hybridation est dès lors la force de production de multiplicités non réglées, d'écarts infimes qui produisent des œuvres insolites ; ou encore ce frayage vers des « multiplicités non métriques, a-centrées, rhizomatiques, qui occupent l'espace sans le compter[4] », engendré depuis le *site de l'étranger*. L'hybridation est donc la série aléatoire des connexions qui s'opèrent à même les vies précaires et qui se dispersent dans le réel. Ces deux opérations de connexion et de dispersion réalisent les trajectoires nomades des précaires, des *étrangers* en particulier, dont les seules options vitales sont la recomposition d'une subculture et l'invention d'un style de vie hybride.

Toutes les identités qui fondent un « nous » national ne peuvent annuler les processus d'hybridation de toutes celles et tous ceux qui ne se reconnaissent pas aisément

1. Gilles Deleuze et Félix Guattari, *Mille Plateaux*, *op. cit.*, p. 457.
2. *Ibid.*, p. 458.
3. *Ibid.*, p. 456.
4. *Ibid.*, p. 460.

dans ce « nous ». Faire la critique du « nous » devient alors une tâche hautement politique en même temps qu'une nécessité philosophique. Car quel est ce « nous » qui précipite les vies désignées étrangères dans l'altérité d'un « ils » méconnaissable ? Comme l'écrit Donna Haraway :

> Sur quelles identités peut-on s'appuyer pour fonder un mythe politique aussi puissant que ce « nous », et qu'est-ce qui pourrait pousser quelqu'un à s'engager dans une telle collectivité[1] ?

Le concept même de nation semble pouvoir être frappé de la suspicion légitime dont le « nous » dont elle se revendique est l'objet. Si le circuit intégré de la nation est un circuit dans lequel la place des étrangers dans les réseaux de pouvoir et dans la vie sociale est extrêmement réduite, les circuits nomades de l'hybridation déstabilisent les identités nationales et, plus largement, toutes les identités occidentales construites sur le mode de l'État-nation, en révélant des puissances d'agir inédites qui font rhizome.

Le nomadisme, comme errance imposée, peut alors être interprété en termes de force contestataire qui procède des connexions qu'il rend possibles. L'étranger, en étant délié par la nation, est voué à de nouvelles formes de subversion des identités. Ces hybridations peuvent être appréhendées à tous les niveaux. Elles valent pour la création de nouvelles formes artistiques tel le reggae, synthèse des percussions africaines, du jazz et des musiques occidentales, qui exploite des techniques comme le transistor et la table de

1. Donna Haraway, *Manifeste cyborg et autres essais. Sciences, fictions, féminismes*, anthologie établie par Laurence Allard, Delphine Gardey et Nathalie Magnan, Paris, Exils, 2007, p. 39.

mixage[1]. Cela est tout aussi vrai pour les langues. Quand elles sont traduites les unes dans les autres, une langue nouvelle en résulte. La synthèse du français et de l'arabe induit de nouvelles allures de langues.

L'hybridation se signale ainsi comme un anti-exotisme. L'exotisme s'empare des *qualités* d'autres cultures pour en parer la nation : ce faisant, ces cultures finissent par devenir des pastiches tant elles sont considérées hors des processus qui les renouvellent. Se placer au contraire du côté de l'hybridation, c'est renoncer à la composition d'un tableau national idéal qui distribue les qualités nationales en les agrémentant de spécialités étrangères et se situer du côté de la plasticité des allures de vie. Je nomme hybridation le fait vital de la traduction. Aucune vie ne peut renoncer à l'hybridation, au mélange, à la traduction. Toutefois, les subalternes (et parmi eux les étrangers) sont plus concernés que les autres par l'hybridation. L'exercice du pouvoir réside partiellement dans la séparation : acte de clôturer une propriété, un quartier ; adossement à des formes culturelles identifiées comme faisant séparation, etc. Par contraste, l'absence de pouvoir se révèle notamment à la nécessité du bricolage. Or le bricolage a valeur d'hybridation : il détourne des usages admis, il traduit un réel préexistant en vue d'une œuvre encore improbable. Comme le souligne Lévi-Strauss, le verbe « bricoler » admet deux significations. Il évoque le « mouvement incident » de la balle qui rebondit dans le jeu de billard, du chien qui erre dans la partie de chasse, du cheval qui s'écarte de son parcours en équitation. D'un côté, il désigne un mouvement imprévisible, d'un autre côté, il renvoie à la personne

1. Cf. Mark Alizart, Stuart Hall *et al.*, *Stuart Hall*, *op. cit.*, p. 84.

qui « œuvre de ses mains en utilisant des moyens détournés par comparaison avec ceux de l'homme de l'art[1] ». Le bricolage crée un mouvement imprévu en détournant des moyens existants. Les subalternes, étant privés des moyens reconnus pour agir et vivre, ont particulièrement recours au bricolage. Dans les squats de Soweto, les Africains qui n'ont ni les moyens d'avoir un habitat, ni la possibilité d'entrer dans le programme d'accès à la propriété (RDP) mis en place par le gouvernement sud-africain issu de l'ANC, *bricolent* des *shacks*, cabanes de fortune situées dans les marges des villes, près des rivières, des voies ferrées, hors des lotissements issus de l'apartheid, et produites à partir d'une composition originale de matériaux : cadres de bois, panneaux en tôle ondulée, clous. Ainsi que le fait remarquer l'architecte Christophe Hutin, « c'est là que ça devient intéressant, parce qu'on sort du modèle de base, de la maison type, et que toutes les variations deviennent possibles[2] ».

Une vie étrangère, en tant que vie subalterne, bricole des arrangements insolites qui se dispersent dans la nation comme autant d'hybridations insoupçonnées. Il ne faut donc plus voir l'étranger comme un être seulement en *défaut*, privé des codes d'accès au monde nouveau, mais également comme un sujet qui, du fait de la désignation qui l'*altérise*, est porteur d'une puissance d'agir singulière qui tient de la retraduction, de l'hybridation. Le déplacement peut valoir comme un art de vivre précaire qui donne la possibilité de « vivre non en marge mais dans les interstices des

1. Claude Lévi-Strauss, *La Pensée sauvage*, in *Œuvres*, Paris, Gallimard, « Bibliothèque de la Pléiade », 2008, p. 576.
2. Christophe Hutin, *L'Enseignement de Soweto. Construire librement*, Arles, Actes Sud, 2009, p. 28.

codes[1] » que le subalterne peut contourner partiellement. Si l'étranger commence par interpréter son nouvel environnement social selon les termes de sa « manière de penser habituelle[2] », ce n'est pas uniquement pour constater l'écart entre les règles du nouvel environnement et les pratiques de l'ancien ; c'est peut-être davantage pour que ses possibilités vitales continuent à se frayer une voie dans le nouveau monde.

L'étranger ne peut être considéré seulement comme cet être défaillant amputé de sa « manière de penser habituelle » en raison de l'« expérience vivante » dans laquelle il se trouve[3] ; il doit être vu comme quelqu'un qui essaie de tirer parti de l'adversité à laquelle il est confronté grâce à un ensemble de pratiques, de bricolages, de tactiques qui tournent les normes et forment, à l'instar de l'anti-discipline évoquée par de Certeau, une « anti-nation ». Tout comme l'anti-discipline n'est pas la négation de la discipline mais son usage minoritaire, l'anti-nation n'est pas la négation de la nation mais son devenir minoritaire.

Les subalternes, dont les étrangers, ne cessent d'inventer des lieux autres, non totalement réglés par les normes de l'État-nation. Ils inventent ainsi des courbures d'espace et de temps différentes, des « hétérotopies » qui sont autant de possibilités pour la nation de sortir de sa topique native. Michel Foucault définit une hétérotopie comme un « lieu absolument autre[4] ». Ces lieux de nulle part qui se développent dans les marges sont cependant, pour Foucault,

1. Michel de Certeau, *L'Invention du quotidien*, *op. cit.*, p. 190.
2. Alfred Schutz, *L'Étranger*, *op. cit.*, p. 20.
3. *Ibid.*, p. 24.
4. Michel Foucault, *Le Corps utopique* suivi de *Les Hétérotopies*, *op. cit.*, p. 25.

engendrés par la société : les « hétérotopies de déviation », ainsi que Foucault les nomme, sont « des lieux que la société ménage dans ses marges, dans les plages vides qui l'entourent [et] sont réservées aux individus dont le comportement est déviant par rapport à la moyenne ou à la norme exigée »[1].

Il semble que de tels lieux dans la marge mais qui exercent une fonction centrale (hôpitaux psychiatriques, maisons de repos...) n'épuisent pas la relation de l'hétérotopie à la marge. C'est que des lieux autres se développent également à la marge, qui ne sont pas investis directement par une fonction sociale centrale comme surveiller, enfermer, guérir, etc. De tels lieux autres répondent aux inventions minoritaires, car l'hétérotopie, comme le signale Foucault, « a pour règle de juxtaposer en un lieu réel plusieurs espaces qui, normalement, seraient, devraient être incompatibles[2] ». L'hétérotopie subalterne ne se contente pas de poser un lieu séparé dans la marge des lieux officiels, elle mélange les lieux, fait se voisiner le subalterne et l'officiel, le légal et l'illégal, le clandestin et le public, et produit des trames originales.

À côté des espaces légitimes et consacrés, il existe donc des « espaces différents » qui sont des « contestations mythiques et réelles de l'espace où nous vivons »[3]. De tels contre-espaces sont des passages dans les zones quadrillées et surveillées. Comme l'écrit de Certeau, ils « forment des phrases imprévisibles, des "traverses" en partie illisibles » qui sont autant de « vagabondages efficaces »[4]. Les trajectoires

1. *Ibid.*, p. 26-27.
2. *Ibid.*, p. 28-29.
3. *Ibid.*, p. 25.
4. Michel de Certeau, *L'Invention du quotidien*, *op. cit.*, p. XLV.

des migrants créent des figures *d'après* les trajectoires et ne s'évaporent pas comme des trajets fantômes. Nous ne savons pas lire les trajectoires étrangères comme des potentiels d'œuvres en rapport à des hétérotopies, comme des fabrications de formes de vie singulières qui défont la nation pour la faire autrement. Ainsi sommes-nous aveugles aux créations des contre-espaces des subalternes, œuvre au noir, interdite.

Défaire la nation revient précisément à s'ouvrir aux espaces – œuvres des subalternes. Car *nous* sommes pris, en tant que sujets nationaux, ainsi que je l'ai évoqué ailleurs en m'inspirant des analyses d'Homi Bhabha[1], dans une « structure imitative », « mimétique »[2], par laquelle nous *apprécions* toute excentricité en termes de *vie autre*. Homi Bhabha évoque la structure mimétique du pouvoir colonial qui veut identifier l'Autre (le colonisé) en le marquant de différences insurmontables pour l'insérer dans une hiérarchie nationale qui passe alors par une hiérarchie de race. Le colonisé ne peut annuler la différence qui l'éloigne du colon et c'est pourquoi la seule chose qui lui reste à faire est de l'imiter pour le rejoindre alors même qu'il en est séparé par les différences ethniques qui lui collent à la peau. Le pouvoir colonial suscite ainsi des « Autrui réformés[3] » qu'il peut séparer des Autrui incorrigibles porteurs de différences incompatibles avec les standards de l'État-nation colonial. Dans le même sens, chaque État-nation exhibe ses normes nationales et se rend attentif à la manière dont les différences qu'elles manifestent sont reprises par

1. Guillaume le Blanc, *L'Invisibilité sociale*, *op. cit.*, p. 183-185.
2. Homi K. Bhabha, *Les Lieux de la culture*, *op. cit.*, p. 150.
3. *Ibid.*, p. 148.

les étrangers à la nation. La structure imitative définit un étranger intégrable en le séparant de l'étranger rebelle qui persiste dans des différences illisibles. Une telle structure pèse de façon souveraine sur la perception des étrangers. Ces derniers ne sont perçus positivement que pour autant qu'ils rejoignent la structure imitative de la nation de référence : alors peut s'ouvrir pour eux le chemin de l'intégration. En revanche, ils sont regardés négativement dès qu'ils sont perçus comme s'éloignant de la structure imitative de référence de la nation : alors ne cesse de s'amplifier la désaffiliation.

Il faut remettre en cause la validité de la structure imitative de la nation. Certes une nation ne peut tout accepter quant aux formes de vie qui se développent sur son territoire mais elle ne peut non plus tout refuser au motif d'une différence perçue comme *dangereuse* car éloignée du *way of life* de la nation. Martha Nussbaum dresse la liste contextualisée des capacités sans lesquelles une vie ne peut être considérée véritablement comme vie humaine, et y voit le socle normatif minimal à partir duquel la prise en compte positive des différences peut s'établir. Ainsi les hétérotopies peuvent-elles organiser les variations minoritaires des subalternes dès lors qu'elles ne se trouvent pas à contre-emploi des capacités fondamentales dont une vie a besoin pour pouvoir être menée. Si la structure imitative accélère la perception *nationale* des étrangers, il est urgent de défaire cette structure imitative pour entrevoir le potentiel d'œuvre des vies étrangères en s'employant à le mettre en rapport avec une remise en question des normes de la nation.

CHAPITRE V

Hospitalités

Politiques du visible

Ne faut-il pas dès lors renverser la relation de la nation à l'étranger et considérer celui-ci comme une condition de renouvellement plutôt que comme un danger ? Ne peut-on pas tenir la déstabilisation de la nation produite par l'étranger pour une occasion d'agrandir la nation en la dotant de référentiels multiples ? Il reste à comprendre que l'*inconsistance* nationale présupposée de l'étranger (manque de consistance dans le pays de destination comme dans le pays d'origine) est une occasion de rendre la nation un peu moins consistante elle-même en la soumettant à la créativité des formes de vie qui la composent. L'étranger est en réalité celui qui *inadapte* les formes de vie pérennisées et stabilisées de la nation. Cette déstabilisation peut être productrice d'une autre politique, source de créations collectives inédites. Se dessinerait ainsi une politique de l'étranger, non pas une politique *pour* l'étranger mais une politique *par* l'étranger. La *condition* d'étranger est ainsi riche d'une *politique* nouvelle qui décompresse les standards de la nation en suscitant d'autres usages, porteurs de *voix autres* qui font entendre « leur plainte et leur petit vacarme[1] » mais qui font entendre également une *critique* de la nation. La voix étrangère met en rapport un contre-espace et une critique, une forme de vie et un refus des assujettissements. Les critiques ne sont pas produites par des théories critiques exogènes aux sujets ordinaires : elles se donnent comme des « critiques ordinaires » mises en avant par les subalternes pour « modifier leur rapport à la réalité sociale [...] dans le sens d'une émancipation »[2]. L'hétérotopie est en elle-même une critique, un « art de n'être pas tellement gouverné[3] » dont la vitalité est niée par les désignations et les différents foyers de précarisation (juridique, politique, sociale, etc.) qui réduisent les possibilités de vie des subalternes mais ne peuvent les annuler.

Les hétérotopies prolifèrent dans les nations et elles expriment une *infra*-politique. Comment comprendre que les étrangers qui s'exposent au risque de la reconduite aux frontières, en se rendant visibles dans les luttes pour la régularisation de leur titre de séjour, puissent se voir dénier, au nom d'une lutte qui ne peut pas être universalisée, la compétence politique ? Qui peut ainsi s'ériger en porte-parole de l'universel et refuser par avance que des vies puissent se saisir, à même leur partialité, de la politique ? Si le peuple ou le *demos* est représenté par l'ensemble des « gens de rien [...], ceux qui n'ont pas de

1. Michel Foucault, « La vie des hommes infâmes » [1977], *Dits et Écrits*, vol. III, *op. cit.*, p. 242.
2. Luc Boltanski, *De la critique. Précis de sociologie de l'émancipation*, Paris, Gallimard, 2009, p. 20.
3. Michel Foucault, « Qu'est-ce que la critique ? », *op. cit.*, p. 38.

titre particulier à exprimer la politique[1] », comme le souligne Jacques Rancière dans *La Mésentente*, comment comprendre alors que les étrangers qui sont, par excellence, « la part des sans-part » ne puissent pas être considérés comme des sujets politiques au motif que leur accès à l'universel n'est pas suffisant ? Telle est pourtant la voie qu'emprunte Jacques Rancière. La lutte des sans-papiers est bien un combat politique dans lequel cependant, aux yeux de Rancière, peine à émerger une « figure de subjectivation politique forte[2] ». C'est que la conquête de droits spécifiques, comme l'obtention de titres de séjour ou de conditions matérielles précises, ne suffit pas, pour Rancière, à former une exemplarité politique susceptible d'alimenter un « conflit politique ». La distinction que maintient Rancière entre « combat politique » et « conflit politique » enferme les luttes des étrangers du côté de la singularité du combat et les prive de tout accès à une singularisation de l'universel portée par le conflit. Que signifie ne pas accéder à l'universel ? Si les « sans-part » sont encore ce peuple idéal défini par sa relation à l'universel, capable pour cette raison de mobiliser les formes souveraines de la subjectivation politique en exhibant, par-delà telle ou telle lutte sectorielle, les partages constitutifs de la société, les « subalternes », catégorie que je mets en avant, sont des « sans-part » affranchis de l'accès à l'universel. Être subalterne signifie bien « être sans-part » mais révèle également une « *infra*-politique » dont la fonction

1. Jacques Rancière, « Xénophobie et politique », entretien avec Yves Sintomer [2000], *Et tant pis pour les gens fatigués*, Paris, Amsterdam, 2009, p. 192.
2. *Ibid.*, p. 199.

n'est pas de préserver l'accès à l'universel mais de préserver le rapport à la politique. Comme le signale James Scott, « à l'évidence l'*infra*-politique est de la vraie politique[1] ». Car l'*infra*-politique, particulièrement invisible, ne consiste pas à se saisir des formes particulièrement visibles de la politique pour s'y intégrer mais à redéfinir le champ de la visibilité politique en mettant l'accent sur des processus souvent rendus invisibles qui peuvent aller de l'absence de trace des conversations ordinaires, des rituels des subcultures jusqu'aux formes de la résistance clandestine.

Loin que l'universel de la politique n'annule les gestes silencieux et peu visibles de l'*infra*-politique, selon une logique de surplomb à nouveau restaurée, c'est au contraire l'*infra*-politique invisible qui modifie l'ordre politique comme ordre visible. Il ne faut donc pas laisser s'absorber les logiques d'actions subalternes sous la seule logique de la démocratie formelle mais plutôt contribuer à modifier notre compréhension de l'espace public en prenant acte des textes cachés des subalternes et de leur incursion dans la vie publique de la nation.

La politique ne se limite pas à la saisie de l'universalité citoyenne mais doit être comprise à partir de la question de savoir qui a accès à la citoyenneté et qui n'y a pas accès, qui, autrement dit, est renvoyé dans la sphère des sujets privés de citoyenneté. Là où Rancière souligne que les mouvements de sans-papiers veulent se rendre visibles mais « ne peuvent rendre visible la structuration de la société elle-même », il faut au contraire affirmer avec James Scott que le problème de la visibilité pour des vies invisibles est le problème politique majeur. D'une part, parce que se rendre visible, quand

1. James C. Scott, *La Domination et les Arts de la résistance*, *op. cit.*, p. 217.

on est rendu invisible par tous les moyens, c'est manifester l'irréductibilité présente de son incarnation. D'autre part, parce que le problème politique surgit prioritairement pour celles et ceux qui sont privés de droits politiques, pour celles et ceux qui ne sont vus que comme de simples sujets et non comme des citoyens. Car, en deçà de la politique formelle à prétention universelle, il y a l'*infra*-politique des gens ordinaires dont « la grande majorité continuent d'être non pas des citoyens mais des sujets[1] ». Seulement, être sujet signifie qu'une vie est dotée d'une puissance d'agir irréductible. Comme le soulignait déjà Marx, « en tant qu'être naturel, être sensible et être objectif, l'homme est un être souffrant » mais « en tant qu'être naturel vivant, il est équipé de forces naturelles, de forces vitales, il est un être naturel actif »[2]. Sans vouloir adhérer au vocabulaire de la naturalité, on peut cependant noter que la puissance d'agir ne peut être, pour Marx, entièrement annulée par les conditions sociales faites à une vie[3]. En se plaçant dans la perspective des études subalternes, on peut alors affirmer que les subalternes sont le plus souvent rendus inaudibles et invisibles, irreprésentables[4], alors même que, *par un autre tour*, ils maintiennent « une plénitude et une créativité là où les récits (habituels) nous ont fait lire un manque et une incapacité[5] ».

1. *Ibid.*, p. 216.

2. Karl Marx, *Manuscrits économico-philosophiques de 1844*, trad. de l'allemand par Franck Fischbach, Paris, Vrin, 2007, p. 166.

3. Ainsi que le signale Franck Fischbach dans *Manifeste pour une philosophie sociale*, Paris, La Découverte, 2009, p. 51.

4. Gayatri Chakravorty Spivak, *Les subalternes peuvent-elles parler ?*, *op. cit.*, p. 56.

5. Dipesh Chakrabarty, « Postcolonialité et artifice de l'histoire. Qui parle au nom du passé indien ? », in Mamadou Diouf (dir.), *L'Historiographie indienne en débat*, *op. cit.*, p. 85.

L'*infra*-politique revêt dès lors un double statut. Elle manifeste, d'une part, que ce qui est caché par l'ordre politique classique, par les formes majeures de la démocratie par exemple, n'en est pas moins politique. L'invisibilité n'est pas soustraite à la politique, elle la reformule. Elle se révèle ainsi, d'autre part, comme une force de résistance au type d'hégémonie construit par les principaux pouvoirs qui font l'État-nation. D'un côté, elle est la politique des sujets privés de droits politiques. De l'autre, « elle est essentiellement une forme stratégique que doit revêtir la résistance des sujets lorsque le danger est trop grand[1] ». Les capacités d'action des sujets se trouvent alors mobilisées selon les contextes. Comme l'écrit l'historienne Joan Scott, si « les sujets possèdent leur propre capacité d'agir, ils ne sont pas des individus autonomes exerçant chacun sa volonté librement, mais plutôt des sujets dont les capacités d'intervention sont créées par les situations et les statuts qui leur sont conférés[2] ».

Il en résulte, et c'est là l'un des principaux acquis des études subalternes, que la conception de la *politique* ne peut plus se réduire aux activités *déclarées* politiques, fortement encadrées par des appareillages institutionnels lourds, mais doit intégrer les activités *infra*-politiques soustraites aux calculs politiques traditionnels, reléguées le plus généralement dans l'invisibilité de l'*infra*-ordinaire, dans l'absence de trace des vies minuscules.

Rancière souligne que la politique ne peut être comprise que depuis la part qui revient aux « sans-part » mais il

1. James C. Scott, *La Domination et les Arts de la résistance*, *op. cit.*, p. 216.

2. Joan W. Scott, *Théorie critique de l'histoire*, *op. cit.*, p. 115.

méconnaît que cette part des sans-part est largement invisible, reposant sur une *infra*-politique qui tient lieu de politique critique à l'égard des formes souveraines de la politique. Il ne faut donc pas exclure de la politique l'*infra*-politique des subalternes mais, au contraire, élargir l'*expérience politique* à l'*infra*-politique, quitte à mettre en cause les catégories normatives sur lesquelles la politique repose ou du moins leur validité d'usage : que peut valoir en effet la « proposition de l'égaliberté » que met en avant Étienne Balibar pour caractériser les régimes modernes[1] si ne sont pas prises en considération l'absence de liberté de circulation des vies étrangères et, plus encore, l'absence d'égalité juridique engendrée par chaque nation moderne construite selon une division cardinale, ressortissants / étrangers, comme le fait d'ailleurs remarquer Balibar lui-même ?

D'un côté, il existe une logique politique qui veut rendre les étrangers *inadmissibles* invisibles. Le démantèlement de la « jungle » de Sangatte participe de cette relégation dans l'invisible. En fermant les abris de fortune des réfugiés qui cherchent à rejoindre l'Angleterre, le gouvernement français n'entend pas résoudre le problème des réfugiés mais le rendre invisible : il entend dissoudre les migrants, multitude organisée, et les renvoyer à l'errance, diaspora des sujets invisibilisés qui pour ne pas *être pris* n'ont d'autre possibilité que de ne pas *être vus*. D'un autre côté, la logique *infra*-politique veut rendre les *coulisses* de la vie étrangère de nouveau visibles. La lutte pour l'obtention de papiers, les occupations d'églises, les grèves de la faim apparaissent comme des formes de luttes extrêmes dictées par l'impératif de la visibilité, rejoignant d'autres

1. Étienne Balibar, *La Crainte des masses*, *op. cit.*

luttes comme celles des Enfants de don Quichotte, canal Saint-Martin[1]. La lutte pour la visibilité redessine donc les frontières de la politique en remettant en cause les partages classiques (ressortissants / étrangers) et en mettant en avant un usage élargi des droits. Lutter pour l'obtention de papiers, ce n'est donc pas seulement lutter pour des droits sectoriels mais, au contraire, lutter pour la visibilité sociale des « sans-voix » en combattant la chaîne de l'exclusion qui commence avec la désignation et se poursuit par la précarisation des droits, du logement, du travail, et plus généralement de l'accès à la nationalité. De ce fait, une telle lutte rend bien visible, contrairement à ce qu'évoque Rancière, « la structuration de la société elle-même[2] ».

En toute rigueur, le défaut de participation qui scelle l'invisibilité sociale des *étrangers* ne peut être levé qu'à la condition que les *œuvres* des étrangers soient reconnues comme constitutives de la nation. Le *désœuvrement* de l'étranger n'est le plus souvent rien d'autre que l'absence d'œuvre que nous refusons de découvrir dans son monde. Il tient donc du défaut de perception par lequel, tant sur le plan auditif (la langue) que visuel (les arts de faire), nous nous éloignons des formes de vie étrangères en annulant leur inventivité. Car être exclu, c'est d'abord ne pas se voir reconnaître la possibilité de *faire œuvre*.

Les différentes formes de l'invisibilité sociale engendrent différentes formes d'absence d'œuvre[3]. Le désœuvrement du chômeur n'est pas exactement identique à celui du travailleur précaire même si l'étranger peut être aussi un chô-

1. Johanna Siméant, *La Cause des sans-papiers*, Paris, Presses de Sciences Po, 1998.

2. Jacques Rancière, « Xénophobie et politique », art. cité, p. 203.

3. Je renvoie à ce sujet à mon livre, *L'Invisibilité sociale*, *op. cit.*

meur ou un précaire. Le chômeur ne peut plus participer à un collectif de travail dont il est séparé par la « précarité de l'emploi » dans laquelle il se trouve[1] : les *œuvres* du chômeur (dans les collectifs de chômeurs par exemple) tendent à ne pas être vues non seulement parce qu'elles ne sont pas considérées comme des œuvres significatives mais également parce qu'elles sont produites par des sujets qui ont *vocation sociale* à intégrer leur *infériorité sociale*, en se soustrayant à la visibilité et en se considérant comme socialement *inexistants*, relégués qu'ils sont dans l'expérience de la pauvreté[2]. Le travailleur précaire dont les conditions de travail sont dégradées, dont l'avenir est incertain et qui fait l'expérience de la disqualification sociale, ne peut pas davantage aisément témoigner que son action sociale est productrice d'œuvres. Enkysté dans la relégation, il apparaît dès lors comme un sujet dont les œuvres ne comptent pas. Sont communs à ces deux expériences de la précarité, précarité d'emploi et précarité de travail, non seulement des motifs d'invisibilisation des vies ordinaires liés à la relégation sociale, mais aussi, accolée à la relégation, une absence de perception des *œuvres* précaires qui, très souvent, tentent de contrer la précarité elle-même. Les actions du précaire pour lutter contre sa condition ne sont plus du tout *appréciées* à la manière d'une œuvre nouvelle, elles le sont exclusivement sous l'angle des normes en vigueur dans les politiques d'insertion et de telles normes finissent, en

1. Serge Paugam, *Le Salarié de la précarité. Les nouvelles formes de l'intégration professionnelle*, Paris, PUF, 2000, p. 356-362.

2. Lire à ce sujet le livre fondateur de Michael Harrington, *L'Autre Amérique. La pauvreté aux États-Unis* [1962], trad. de l'anglais par Anne Marchand, Paris, Gallimard, 1967. Cité par Serge Paugam, *Les Formes élémentaires de la pauvreté*, Paris, PUF, 2005.

général, par être intériorisées par les sujets précaires eux-mêmes[1].

L'étranger est *désœuvré* également dans un autre sens. Le défaut de perception qui annule par avance tout son potentiel d'œuvre est combiné à une *haute disqualification*. Il est renforcé par la *précarité juridique* que l'absence de statut voue à une invisibilité plus grande encore. La nation est un champ de normes qui « ménagent une place à un sujet au sein du champ ontologique[2] » mais qui parallèlement n'accordent pas de place à d'autres sujets qui, ainsi précarisés, voient leur position ontologique vaciller. Être à la *bonne place* ne dépend pas du seul sujet mais des formes sociales et nationales qui contribuent à son émergence ou, au contraire, la fragilisent. En ce sens, il faut reconnaître, avec Judith Butler, que « le "Je" est toujours dépossédé par les conditions sociales de son émergence[3] ». Quand on est débouté du droit d'asile, comme c'est le cas en France pour plus de 300 000 personnes depuis 1998, et qu'on se retrouve – pour la majorité d'entre elles – sans papiers sur le territoire français, à la merci du moindre contrôle, la seule issue ne peut être que l'invisibilité totale. Il en résulte « une vie dans l'ombre[4] » dont le corollaire est la « clandestinité tolérée[5] ». De l'invisibilité de la vie qui ne sort de chez elle qu'en cas de nécessité, ne s'habille pas de manière voyante, etc., à l'absence d'œuvre, il n'y a qu'un pas

1. Cf. Nicolas Duvoux, *L'Autonomie des assistés. Sociologie des politiques d'insertion*, Paris, PUF, 2009.

2. Judith Butler, *Le Récit de soi*, trad. de l'anglais par Bruno Ambroise et Valérie Aucouturier, Paris, PUF, 2007, p. 7.

3. *Ibid.*, p. 8.

4. Cimade, *Votre voisin n'a pas de papiers*, Paris, La Fabrique, 2006, p. 173.

5. *Ibid.*, p. 214.

qui est franchi par le travail au noir auquel sont acculés les clandestins, un travail à ce point précarisé dans son statut juridique qu'il n'est promesse d'aucune œuvre. On travaille, mais on raie toutes les traces de son travail.

Qu'est-ce qu'une vie en haute précarité juridique ? Le refus du droit d'asile prive l'étranger des possibilités d'accès à un logement, des aides sociales minimales sans lesquelles une vie devient *absolument* précaire, presque *effacée*. « Comme vous êtes sans papiers, vous êtes sans valeur[1] », assène une assistante sociale à une Congolaise venue la trouver. La vie sans papiers est une vie à ce point improbable que la possibilité de faire *œuvre* lui est, par avance, refusée. C'est dire que l'étranger sans papiers est plus qu'un *précaire*, il est un *exclu*, car la précarité juridique qui enveloppe sa vie le conduit à sortir de tous les cadres sociaux et nationaux. Que signifie pour l'étranger sans papiers une telle exclusion ? Une menace de mort qui pèse sur sa vie et qui entérine une interdiction à participer à la nation d'*accueil*. Menace telle qu'elle fait de l'étranger sans papiers le « sans-part » absolu, non seulement un être destitué de la possibilité de participer mais également quelqu'un qui, plus radicalement encore, est éloigné de la vie politique par le fait que la possibilité de lutter pour l'égalité (notamment des droits), sous la forme d'une reconnaissance de son statut juridique, est fortement hypothéquée par la nécessité vitale de *s'en sortir* malgré tout.

Le fait que des étrangers sans-papiers se soient, malgré tout, mobilisés, au risque de leur vie, en occupant des églises, en se *rendant* visibles dans leur lutte pour l'obtention de papiers, n'en est que plus exceptionnel et révèle une

1. *Ibid.*, p. 66.

normativité politique inédite qui transparaît sous l'impératif de visibilité. Il est faux d'affirmer que les étrangers, dans leur lutte, manquent d'une « symbolisation du commun » et n'attestent que de leur désir de se rendre visibles[1]. Il faut plutôt reconnaître que ce sont les formes hégémoniques du visible, et partant les registres d'invisibilisation qu'elles présupposent, qui sont remises en question par les luttes des étrangers et de celles et ceux qui les accompagnent. Les sans-papiers, en mettant en cause la visibilité sociale qui fonde la nation, font plus que prendre part à la politique, ils la font voir sous un autre jour. S'il y a de la politique « quand il y a une part des sans-part » et quand « la logique supposée naturelle de la domination est traversée par l'effet de l'égalité »[2], alors il faut avancer, avec Rancière mais contre Rancière également, qu'elle révèle bien une subjectivation politique qui met en question la structuration dans son ensemble de la société. La visibilité étrangère interroge la visibilité nationale et la soumet à deux questions prépondérantes sur l'égalité politique et sur la participation. C'est pourquoi elle est si précieuse, tant pour les partages visible / invisible qu'elle interroge que pour la contestation de la *haute politique produite par l'*infra-*politique*.

Hospitaliser l'hospitalité

L'étranger est tenu pour un non-membre par les membres de la nation. Comme le souligne Ricœur, « l'étranger est non seulement celui qui n'est pas des nôtres, mais [celui]

1. Jacques Rancière, « Xénophobie et politique », art. cité, p. 203.
2. *Id.*, *La Mésentente*, *op. cit.*, p. 31 et p. 37.

qui n'est pas autorisé à devenir l'un de nous, du seul fait qu'il le souhaite ou le demande[1] ». Les manières d'être étranger se soutiennent dans la désignation et renvoient à des manières d'être socialement *dehors*. La langue anglaise possède de nombreux termes pour désigner l'étranger : *foreigner*, *stranger*, *outsider*, *alien*. La progression de ces termes marque une relation toujours plus étroite à l'étrangeté de l'étranger qui peut aller jusqu'à la folie. Si le *foreigner* est celui qui est désigné administrativement comme étranger, le *stranger* s'éprouve comme étranger aux codes du pays d'accueil et se vit en terre inconnue. Avec l'*outsider*, le fait de se vivre comme étranger est redoublé par le jugement exogène qui fait de l'étranger un déviant et l'insère dans le collectif négatif et fluide des *anormaux*. Comme l'écrit Pierre Macherey, « l'*outsider*, littéralement celui qui est passé de l'autre côté, c'est celui qui est perçu par le groupe comme ne satisfaisant pas à ses critères normaux d'insertion, par rapport auxquels, à son point de vue, il diverge, ce qui peut avoir pour conséquence sa mise à l'index ou sa ségrégation[2] ». L'*outsider* est ainsi l'étranger devenu déviant du fait de la perception de son étrangeté. Il est un *foreigner* qui a échoué. À l'extrémité du spectre se trouve la folie de l'*alien*, si déviant qu'il ne peut être que porteur d'une folie menaçante. Sous cette galaxie de mots se cache un ordre linguistique féroce qui distribue les places, accrédite les uns en leur faisant entrevoir la possibilité d'être *dedans*, discrédite les autres en les renvoyant toujours davantage dans le *dehors*.

1. Paul Ricœur, « La condition d'étranger », *Esprit*, mars-avril 2006, p. 266.

2. Pierre Macherey, *Petits Riens. Ornières et dérives du quotidien*, Latresnes, Le Bord de l'eau, 2009, p. 162.

L'étranger se voit ainsi réfracté dans une double condition. D'un côté, il est maintenu sur le seuil d'entrée de la nation, en attente de *régularisation*. De l'autre, en étant ainsi maintenu à la bordure de la nation, sur un hypothétique seuil, il finit par être disqualifié comme un être de la *marge*. Acculé à la lisière du *dedans*, l'étranger se voit ainsi relégué dans le *dehors*, écarté. Quand Pierre Macherey écrit qu'« il y a deux manières d'être socialement "dehors", soit parce qu'on a été mis dans la situation potentielle du stigmatisé et de l'exclu [...], soit parce qu'on n'a pas encore effectué une intégration demandée ou désirée[1] », il faut faire un pas de plus et avancer que c'est à force de ne pas être intégrée qu'une vie est considérée comme *déviante* et soumise au régime de l'exclusion. Si l'étranger est d'abord un *stranger* qui attend son heure, il finit inéluctablement, parce que le soleil ne se lève jamais pour lui, par devenir un *outsider*, un *paria* déconsidéré.

Le processus national qui rend l'étranger toujours plus étranger, au lieu de l'accueillir comme un participant à la nation, suggère que l'étranger ne peut rien *apporter* à la nation. L'*étrangeté* de l'étranger ne cesse ainsi d'être renforcée par les lois de la nation qui l'excluent. La frontière entre le droit et le non-droit est alors extrêmement ténue. Son inscription dans la cité économique par le droit du travail de l'immigré, dans la cité politique par le droit d'asile du réfugié, est contestée et souvent refusée à l'étranger qui n'a plus d'autre possibilité que d'être un migrant qui vit dans les interstices des droits. La supposée déviance de la vie étrangère se conçoit ainsi comme le terme d'un proces-

1. *Ibid.*

sus de disqualification qui fait de l'étranger en attente de papiers plus qu'un précaire, un exclu.

Si l'étranger est toujours plus *étranger*, il devient dès lors urgent de *consentir* à lui. Consentir à l'étranger signifie que l'étranger n'est plus vu comme un non-nôtre mais qu'il existe une communauté sensible des vies qui peut être attestée malgré les désignations injurieuses et les interprétations exclusives des lois de la nation. Cette communauté de partage repose sur une sensibilité active. Consentir, n'est-ce pas, à l'opposé du *consentement éclairé*, pouvoir sentir ensemble ? Qu'est-ce qui peut être ressenti d'une vie à l'autre, d'une vie *dedans* à une vie *dehors* ? La précarité de la vie confrontée à la misère, la maladie, la mort, la terreur politique tout autant que la solidarité des vies subalternes qui s'éprouvent comme relevant d'une communauté sensible inentamée malgré les partages entre celles et ceux qui se vivent socialement dedans et celles et ceux qui se vivent socialement dehors. Quelle vie peut se dire totalement *dedans* ? Faut-il d'ailleurs désirer être absolument *dedans* ? Ne pourrait-on soutenir que la vie est précaire parce qu'elle peut être blessée à tout moment par d'autres que moi ? Comme le souligne Judith Butler, « être blessé constitue l'occasion de réfléchir à la blessure et aux mécanismes de sa répartition, de découvrir qui d'autre souffre de frontières perméables, de violences inattendues, de spoliations[1] ». Réfléchir sur l'imminence de la blessure revient à entrer dans la communauté sensible des vies blessées et à comprendre que les vies ne le sont pas toutes également. Les nations ne sont pas seulement agressives à l'égard des étrangers présents sur leur

1. Judith Butler, *Vie précaire*, *op. cit.*, p. 14.

territoire. Elles effacent les vies étrangères, les ignorant dans la mort comme dans la vie. Il en résulte une « mélancolie nationale que nous constatons aujourd'hui, [qui] est la conséquence d'un deuil dénié, de l'effacement dans les représentations collectives des noms, des images et des histoires[1] » des personnes qui sont venues vivre sur le sol de la nation et qui *n'en étaient pas*. Cette mélancolie nationale est tout le contraire de la joie de l'accueil. Elle referme la communauté nationale sur la seule histoire des vainqueurs et défait la communauté sensible des subalternes, en suggérant qu'aucune blessure ne peut être raisonnablement prise en compte dans l'édification de la nation. Si la vulnérabilité doit être perçue comme commune, il faut cependant comprendre que des vies sont rendues, par les conditions qui leur sont faites, plus vulnérables que d'autres. C'est seulement sur cette base que l'hospitalité peut apparaître comme un motif moral – mais plus encore critique – puissant.

D'un côté, l'hospitalité est une réponse de la nation d'accueil à l'invention des formes de vie étrangères. L'hospitalité ne crée pas l'*étranger*, elle rend possible son inscription dans la nation en construisant une niche favorable. D'un autre côté, l'hospitalité doit être compliquée par l'analyse de la violence éthique. Elle bute sur celle-ci, qui constitue sa limite interne. L'hospitalité est *malade* de sa structure coloniale : avec elle, les accueillants pensent pouvoir, à travers un geste magnanime, *domestiquer* l'étranger, le faire entrer dans une structure existante de la nation par un geste d'insertion. Mais faut-il en rester là avec l'hospitalité ? Ne faut-il pas la soumettre à la critique quand elle prend une telle forme impériale ?

1. *Ibid.*, p. 17.

Quelle est l'origine de cette violence éthique ? La peur d'être contaminé par l'autre, de ne plus avoir de frontières identifiables : « Notre peur de comprendre un autre point de vue que le nôtre masque la peur plus profonde d'être absorbé par celui-ci, qu'il s'avère contagieux et que la pensée de l'ennemi nous contamine d'une façon qui nous mette en péril[1]. »

L'hospitalité est d'abord la capacité à accueillir un récit qui n'est pas le nôtre, qui peut, le cas échéant, le défaire. Que vais-je faire de la langue qui n'est pas la mienne, comment vais-je l'accueillir ? Il se pourrait, après tout, que la pluralité des langues soit vécue comme une *chance* plutôt que comme une *malédiction* et suggère que la vie est plus vaste que son inscription dans la nation. Il se pourrait également que l'expérience de sa propre langue soit rapportée à un idéal de plurilinguisme que le polyglotte, étranger idéalisé (mais réel) incarne dans son corps démultiplié. Le polyglotte n'est pas assujetti à un ordre symbolique fixe, il brouillonne des traductions entre les langues et incorpore ainsi, à l'aide de ces langages multiples, des morceaux de vie nouveaux. Le polyglotte récuse ainsi, dans son propre palimpseste corporel, les stabilités illusoires des identités fixées en apparaissant sur une scène ontologique mobile qui est le contraire de la sécurité ontologique née de la familiarité produite par l'ancrage dans un site linguistique national non contesté[2]. Braidotti propose une distinction entre le nomade polyglotte et le migrant. L'issue de l'exil pour le migrant demeure l'existence marginalisée de la

1. *Ibid.*, p. 33.

2. Rosi Braidotti, *Nomadic Subjects*, New York, Columbia University Press, 1994, p. 15.

subculture dont les liens avec la culture hégémonique et ses représentants sont extrêmement précaires. Par contraste, le polyglotte nomade apparaît moins marqué socialement et il a la liberté de se déplacer à l'intérieur de différentes langues et cultures pour procéder à des hybridations suggestives sans que ces connexions ressuscitent un désir et une nostalgie de la fixité nationale.

Si le nomade se distingue du migrant comme le polyglotte de l'immigré, sous quelles conditions le migrant peut-il *devenir* un nomade ? Comment faire pour que l'immigré soit reconsidéré autrement que comme un paria ? Quelle figure de l'hospitalité doit être déployée pour y parvenir ? Derrida suggère que l'hospitalité ne peut consister dans l'accueil *a priori* des formes de vie autres. Il indique que l'hospitalité correspond à un moment de trouble dans lequel l'accueillant et son hôte ne savent plus très bien qui ils sont. Ce trouble des identités produit une inversion heureuse lors de laquelle l'accueillant finit par perdre sa qualité d'accueillant pour devenir *dépendant* de son hôte. L'hospitalité est moins un *imperium*, un pouvoir de faire advenir l'autre dans l'espace réglé du même, qu'une modalité du « prendre soin » des formes de vie qui s'inventent dans l'espace réglé de la nation. Il ne peut donc y avoir d'hospitalité sans un dérèglement de l'*imperium* de la nation, sans une possibilité de désaccorder les fixités hypothétiques de l'identité nationale qui se *donnent* la meilleure figure étrangère et récusent violemment les étrangers inadmissibles.

Il existe donc deux régimes de l'hospitalité : une hospitalité conditionnée par le régime diastolique et systolique du cœur présumé de la nation, qui ne s'ouvre que pour mieux se refermer, n'avance des structures d'accueil que pour mieux expulser et intensifier les murs des frontières ; une hospitalité qui est *au service* des vies étrangères et qui peut être conçue comme la niche des façons de faire marginalisées. Si le premier régime d'hospitalité est fortement centralisé et s'avère indissociable des lieux disciplinaires de traitement des *vies autres* (centres de rétention, etc.), le second est extrêmement dispersé, émergeant ici ou là à l'occasion d'un *risque* pris par une vie anonyme de porter secours à *quelqu'un* dont les papiers ne sont pas en règle, quelqu'un de précarisé et d'extrêmement subalterne. L'hospitalité peut entrer dans la topique de l'État national, elle peut aussi dévier de cette topique et s'affirmer à ciel ouvert en inventant des lieux d'accueil qui bouleversent les rapports du privé et du public et fonctionnent à leur tour comme des contre-lieux.

Que se passe-t-il quand le « chez-soi » d'une maison ou d'un appartement cesse de s'alimenter aux seuls réquisits de l'intimité bienséante et de la reproduction de l'ordre familial et se rend perméable à de nouvelles orientations normatives dans le domaine politique ? Que se passe-t-il quand le domicile n'entérine plus le partage du privé et du public mais le conteste au contraire en accueillant à sa manière « la misère du monde » ? Il faut bien dès lors que l'absorption narcissique dans le privé soit rompue et que fasse intrusion un quelqu'un qui n'est pas soi et qui ne ressemble à aucun des membres du chez-soi.

Que se passe-t-il quand un lieu d'accueil devient un espace autre dont la vocation est de prendre soin des vies autres ? Il n'en résulte pas nécessairement un devenir hospitalier de l'hospitalité. Pratiquer l'hospitalité ne revient pas à transformer un espace en hôpital, en lieu clinique ; c'est plutôt renoncer à la structure d'*imperium* de ce dernier.

Le réseau Paul Bert à Bordeaux s'emploie ainsi à réarmer la puissance d'agir des précaires et des étrangers en mettant à leur disposition des ressources qu'ils peuvent utiliser pour eux-mêmes, à des fins d'*empowerment*. Parfois aussi, une association s'attache à prendre soin de vies étrangères. Un nouveau concept du *care* est dès lors à l'œuvre qui entend laisser ouvert le surgissement de formes de vie nouvelles en proposant des aides juridiques, symboliques, sociales. L'association d'aide aux Roms fonctionne ainsi.

Il existe donc bien, dans la nation, des contre-lieux qui non seulement perturbent les divisions nationales académiques en brouillant les relations du privé et du public mais qui, plus encore, accompagnent les *inventions* étrangères dans la nation et hospitalisent l'hospitalité. À cette déterritorialisation de la nation produite par l'hospitalité souple qui accompagne les inventions étrangères répond la reterritorialisation de l'hospitalité dans les limites de la nation. Si l'issue de ce combat ne fait aucun doute puisque la puissance état-nationale dispose précisément de la puissance pour imposer sa structure d'hospitalité, il n'en reste pas moins que l'hospitalité hétérotopique ne disparaît pas, et même persiste. Il en va ainsi de l'affirmation d'une autre *voix* que la voix autorisée de la nation qui demande à être entendue. Refuser que les parents d'enfants scolarisés soient enfermés dans des camps de rétention avant d'être expulsés vers leur pays d'origine, se montrer solidaire de « sans-papiers » en participant à leurs luttes ou en les aidant dans leurs démarches administratives, héberger des clandestins relève de pratiques d'hospitalité qui ne ressortissent pas à la logique hospitalière de la puissance état-nationale. Plus encore, de tels actes attestent d'une voix qui porte avec elle une autre expérience morale liée à un refus de la peur panique devant l'autre, à un désir d'enrichissement engendré par les pratiques d'hybridation.

L'hospitalité est moins alors un geste moral de magnanimité à l'endroit des vies venues d'ailleurs qu'une création au service de créations. Comme l'écrit Judith Butler, « nous pourrions critiquer et combattre les conditions qui font que certaines vies humaines sont plus vulnérables que d'autres[1] ». L'hospitalité, dans mon esprit, est ainsi davantage une critique pratique qu'une tâche morale immémoriale. Naturellement, cette critique peut se déployer parce qu'elle est portée par une voix morale irréductible, attentive à répondre à la vulnérabilité et à instaurer une communauté sensible dans le partage démocratique de la vulnérabilité : « La vulnérabilité doit être perçue et reconnue afin d'entrer en jeu dans une rencontre éthique, et rien ne garantit que c'est bien ce qui se produira[2]. » L'hospitalité, c'est la possibilité de la rencontre dans l'échange des vulnérabilités, c'est ainsi la production d'une communauté de vulnérabilités à des fins d'usage et de création.

À ce titre, Jacques Derrida, avec le concept d'« hospitalité inconditionnée », semble avoir quelque peu déréalisé l'hospitalité en la considérant comme l'expérience d'une pure rencontre. Il écrit en effet que « l'expérience de la pure hospitalité doit partir de rien » afin que « l'événement pur de l'accueil de l'autre soit possible »[3]. Car non seulement un accueil qui serait un événement pur de l'hospitalité a peu de chances de se réaliser, mais surtout comment penser cet

1. Judith Butler, *Vie précaire*, *op. cit.*, p. 57.

2. *Ibid.*, p. 71.

3. Jacques Derrida, « Une hospitalité à l'infini », in Mohammed Seffahi (dir.), *Autour de Jacques Derrida. De l'hospitalité*, Genouilleux, La Passe du vent, 2001, p. 133.

accueil sans le rapporter, dans le même geste, à la violence éthique qu'une vie manifeste quand elle est confrontée à une vie dissemblable ? Jacques Derrida suggère que l'hospitalité a le pouvoir poétique d'annuler le dissemblable pour laisser advenir l'étranger comme hôte et pour que s'échangent les positions de l'hébergeant et de l'accueillant. Il reviendrait alors à l'hospitalité d'inverser la dissymétrie qui la fonde en vertu de la belle idée que l'accueillant devient l'« hôte de son hôte ». On comprend, dans ce registre, que les exigences de l'hospitalité soient si fortes qu'elle ne trouve à se réaliser que rarement. Car il ne suffit pas d'ouvrir sa porte pour faire hospitalité. Encore faut-il pouvoir « donner ce que l'on n'a pas[1] ». Le don de ce que l'hôte accueillant ne possède pas signe la métamorphose de l'hospitalité. Derrida peut ainsi, s'inspirant de Levinas, affirmer que « les pays qui se dotent d'une législation accueillante », au moment où ils ont besoin d'une forte main-d'œuvre, ne pratiquent pas l'hospitalité[2]. Mais Derrida ne confond-il pas ici les stratégies d'hospitalité de la puissance état-nationale avec les pratiques d'hospitalité des vies ordinaires ? L'hospitalité demeure chez Derrida une structure extraordinaire appelée à susciter le miracle de la rencontre, l'échange des partitions natives au profit d'une musique nouvelle.

Si l'on *ordinarise* l'hospitalité, il apparaît que celle-ci est moins et plus à la fois. Moins puisqu'elle ne prétend pas créer une pure rencontre en laquelle les deux pôles de l'accueillant et du recevant s'inverseraient ou s'annuleraient. Cela reviendrait à minorer fortement les rapports

1. *Ibid.*, p. 175.
2. *Ibid.*, p. 174.

de pouvoir à l'intérieur desquels se développent les pratiques d'hospitalité. Plus, malgré tout, car les pratiques ordinaires d'hospitalité répondent avant tout à la possibilité de prendre soin des subalternes. L'hospitalité est davantage un soin ordinaire qu'une rencontre extraordinaire, un dispositif pratique engendré par la fragilisation extrême des subalternes débarqués. Mais ce dispositif pratique ne *crée* pas l'étranger (seule l'altérisation produite par la désignation a ce pouvoir-là), il accompagne sa puissance d'agir. Ce n'est pas l'hospitalité qui transforme l'hôte accueillant en étranger, l'exhortant à devenir un étranger sublime, mais une certaine expérience de l'altération produite par les désignations injurieuses qui rendent la vie encore plus fragile et altérisent la vie humaine précarisée (voir le chapitre suivant). C'est moins l'hospitalité qui rend étranger celle ou celui qui la pratique qu'une situation vécue comme préjudiciable, redoublée par les disqualifications engendrées par les désignations injurieuses que connaissent bien celles et ceux qui, non contents de se vivre comme chômeurs ou malades, subissent les désignations corollaires d'« incapables », d'« inutiles », de « bons à rien ». Penser que *soi-même* peut se dresser comme étranger grâce à la seule structure de l'hospitalité, c'est encore penser que la condition d'étranger peut relever d'une métamorphose magnifique qui transforme une désignation en destin. Manière de préserver la part héroïque de l'étranger.

Ainsi ressaisie dans sa quotidienneté la plus anonyme, l'hospitalité devient non seulement un soin des subalternes mais également une critique de l'hégémonie des normes nationales. Que l'hospitalité soit une critique, tout autant qu'un acte éthique consistant en un soin, n'a peut-être pas été totalement perçu dans le discours classique sur l'hospitalité dont Derrida est, de ce point de vue, un dépositaire exemplaire. À appréhender l'hospitalité comme une pratique adressée à « toi » et non à une « catégorie d'immigrés, de travailleurs »[1], on comprend bien que l'hospitalité est une adresse singulière, mais on comprend moins que cette adresse est elle-même insérée dans une critique de la violence des normes nationales. L'hospitalité n'est donc pas simplement une invention éthique mais bien une critique politique qui s'emploie à décontenancer les normes nationales en rendant visibles les pratiques d'hybridation qui résultent de l'entrechoc des subcultures étrangères et des cultures hégémoniques, et en soulignant l'inventivité intrinsèque des formes de vie étrangères.

La pratique de l'hospitalité doit ainsi être pensée comme une pratique de la dé-désignation qui contribue à faire émerger à nouveau un visage et une voix disqualifiés *a priori*, et à mettre au jour de nouveaux signifiants qui déstabilisent les signifiants nationaux et sont susceptibles d'engendrer une « transformation qui peut être profonde et durable de cette langue, de cette culture, de ce style, de ces lois[2] » de la nation. La limite de cette transformation ? Comme le suggère Derrida, l'abus de violence. Les hybridations ne peuvent être que pacifiques, elles ne peuvent se développer qu'à la condition que soit annulé le potentiel de violence qui les sous-tend. Mais, pour être pacifiques, encore faut-il qu'elles soient pacifiées, portées à la lumière dans des espaces accueillants. Il revient à la puissance état-nationale de s'assurer que de tels espaces existent. L'hospitalité sous conditions de l'État devrait se

1. *Ibid.*, p. 134.
2. *Ibid.*, p. 136.

concentrer sur cette tâche : veiller à ce que les hybridations et les subcultures ne soient pas intrinsèquement violentes. Mais il ne pourrait y veiller qu'en s'assurant réciproquement que les cultures hégémoniques n'exercent pas une violence illégitime sur les subcultures.

On pressent la difficulté : au lieu de cet usage raisonné de l'hospitalité, la puissance état-nationale déploie une autre politique – la traçabilité des vies *déclarées* infâmes, l'hospitalité dans les limites de la surveillance disciplinaire, le contrôle et la production de l'illégalisme, etc. C'est pourquoi l'hospitalité des vies anonymes est bien une critique de l'hospitalité conditionnelle de l'État-nation. Une critique, c'est-à-dire une pratique de transformation de ce qui est au nom de ce qui n'est pas encore. Une critique radicale de la réalité qui porte non seulement sur les « épreuves de réalité » des étrangers[1], c'est-à-dire sur la nature des moyens qu'ils mettent en œuvre pour intégrer une nation, mais aussi sur le « format d'épreuve lui-même », c'est-à-dire sur le type de règlement, les lois qui fixent la possibilité qu'a un étranger d'intégrer une nation.

Soutenir que l'hospitalité ne relève pas seulement d'une rencontre, d'une transaction entre deux sujets à l'intersection de la poétique de la langue nouvelle qui en résulte et des conditions politiques existantes[2], mais qu'elle déploie aussi une critique explicite, c'est dire que ce qui est évalué dans l'hospitalité, c'est le caractère juste ou injuste de la condition d'étranger.

1. Luc Boltanski, *De la critique*, *op. cit.*, p. 53.

2. Jacques Derrida, « Responsabilité et hospitalité », in Mohammed Seffahi (dir.), *Autour de Jacques Derrida. De l'hospitalité*, *op. cit.*, p. 134.

Participation

Si les personnes ordinaires contestent rarement le cadre des formats d'épreuve, il n'en va pas de même pour les vies précarisées, et *a fortiori* pour les vies désignées étrangères. Luc Boltanski a raison de soutenir que « les personnes ordinaires mettent rarement en question, au moins dans le cours habituel de la vie sociale, le cadre général dans lequel s'inscrivent les situations qui suscitent de leur part indignations et protestations[1] ». En revanche, sa sociologie reste une sociologie de l'intégration : elle admet que le cadre de déroulement des épreuves sociales est présent aux sujets sociaux et autorise les futures disputes qui portent dès lors sur les modalités des épreuves plutôt que sur la nature de l'épreuve. Mais il faut se demander ce qu'il en est des vies à ce point précarisées que le format d'épreuve lui-même s'est dérobé et qu'il ouvre au sentiment d'injustice et à la critique. La critique sous-jacente à la pratique d'hospitalité n'est donc pas déconnectée des critiques radicales et ordinaires des vies étrangères qui percent dans les révoltes qui se concentrent sur les « épreuves de réalité » que subissent les étrangers. Lutter contre l'invisibilité, pour l'accès à des papiers, au droit de vote, c'est alors lutter contre l'État en tant que « garant des épreuves de sélection[2] ». Si, comme on l'a noté, des collectifs émergent, regroupant des diplômés précaires, des sans-papiers, c'est que la possibilité de la *participation* des vies subalternes à la nation est entravée par l'État. La destruction des logements de fortune des réfugiés

1. Luc Boltanski, *De la critique*, *op. cit.*, p. 58-59.
2. *Ibid.*, p. 234.

d'Irak ou d'Afghanistan à Calais participe d'un désir politique de rendre les migrants invisibles en les faisant littéralement disparaître comme sujet collectif porteur d'une œuvre ou d'usages singuliers.

La participation n'est possible qu'à la condition que le « format d'épreuve » soit suffisamment juste pour *autoriser* des formes de vie *autres*. L'émergence des « autrui inappropriés[1] » ne peut être effective que si la définition de la nation n'est pas restreinte au « format d'épreuve » hégémonique, que si elle est contestée par eux, qui sont « réduits à la crainte que l'inconnu suscite[2] ».

C'est pourquoi il faut changer le « format d'épreuve » politique de la nation, notamment en instaurant le droit de vote des étrangers à toutes les élections. Car qu'est-ce qu'une participation qui ne serait pas étayée par la possibilité de porter sa voix dans la cité ? C'est seulement, en effet, quand une vie est susceptible d'être considérée comme une voix, c'est seulement quand une vie a voix au chapitre qu'elle peut commencer à compter, au même titre que n'importe quelle autre vie. Si « à l'évidence l'*infra*-politique est de la vraie politique[3] », c'est précisément parce que les logiques d'action des subalternes ne s'inscrivent nulle part et que leur effacement contribue à dépolitiser les différents types de domination, de classe, de genre, ethnique, qui ne sont plus considérés comme faisant l'objet de luttes politiques. Donner à celles et ceux qui ne sont pas reconnus comme pouvant participer à la vie politique la possibilité de s'affirmer comme des sujets politiques, c'est

1. Donna Haraway, *Manifeste cyborg et autres essais*, *op. cit.*, p. 237.
2. Abdelhafid Hammouche, « Altérité et État-nation », in Mohammed Seffahi (dir.), *Autour de Jacques Derrida. De l'hospitalité*, *op. cit.*, p. 64.
3. James C. Scott, *La Domination et les Arts de la résistance*, *op. cit.*, p. 217.

mettre sur le devant de la scène ce qui est relégué dans les coulisses et qui finit par ne plus exister.

L'accès au droit de vote des étrangers ne suffit pas à lui seul à nourrir une théorie de la participation des subalternes mais il permet de faire émerger de nouveaux désirs, de nouveaux modes d'action, de nouvelles représentations sur la scène publique et ainsi de la modifier. La réponse politique habituelle à la question de l'étranger est souvent recherchée du côté d'un plaidoyer pour l'assimilation. L'étranger peut être accueilli, peut perdre le *nom* d'étranger à la condition expresse qu'il montre une capacité réelle à se confondre avec les autres membres de la nation. Ce plaidoyer repose sur la croyance selon laquelle le nom de l'étranger peut être effacé par ses pratiques de vie. Une vie peut-elle s'assimiler et perdre son nom ? Deux grands dangers ne peuvent manquer de surgir quand nous considérons l'assimilation comme une réponse politique puissante. Nous effaçons davantage encore la voix des étrangers en considérant que cette voix peut l'être (et avec elle le récit d'une vie) au profit d'une nouvelle voix autorisée et à venir, voix vierge qui serait la voix auto-proclamée de la nation. Par ailleurs, nous obligeons l'étranger à ne plus être soi, condition pour être admis comme un sujet de la nation.

CHAPITRE VI

Soi-même comme un étranger

Récits alternatifs

Il importe de noter l'effet de boucle qui propulse des vies dans l'invisibilité et nous soustrait, de ce fait, à la nécessité d'entrer en relation avec elles. Comme le souligne Judith Butler, « le fait que certaines vies soient privées de visages ou que certains visages nous soient présentés comme autant de symboles du mal nous autorise à devenir insensibles face à ces vies que nous avons annihilées[1] ». L'accent mis par Butler sur l'*autorisation* à l'insensibilité peut être expliqué comme un effet du dispositif d'invisibilisation des vies étrangères. Ne plus être sensible, c'est ne plus voir un visage, ne plus entendre une voix, c'est donc *effacer* l'autre, *effacement* lui-même rendu possible par la logique monopolistique des formats d'épreuve de l'État-nation. L'expulsion de migrants signale, si besoin est, que des vies perdent tout visage, dès lors qu'elles semblent porteuses d'un *mal* spécifique qui ronge la nation d'accueil. Car *nous* ne pouvons nous résoudre à de tels transports qu'à la condition que les vies expulsées ne soient

1. Judith Butler, *Vie précaire*, *op. cit.*, p. 21.

plus vraiment regardées comme des vies humaines. Comment pourrions-nous autrement accepter l'expulsion d'Afghans vers l'Afghanistan, vers une mort certaine ? Il faut avoir effacé la commune humanité qui nous relie aux vies étrangères pour parvenir à consentir aux expulsions sommaires et à la réitération de la violence nationale. Si nous nous représentons une vie étrangère comme habitée par un visage et une voix, comme faisant œuvre avec d'autres (membres d'une même famille, amis, inconnus, etc.), alors c'est toute la compréhension de l'espace public qui change, et c'est précisément ce changement qui est porté par les pratiques d'hospitalité. « Certains visages [en effet] doivent être admis dans l'espace public, doivent être vus et entendus pour qu'advienne un sens plus aigu de la valeur de la vie[1] » et, par extension, de l'espace public tout entier.

L'analyse de la nécessaire participation des vies *autres* à la cité implique donc une analyse du mode de perception des vies discréditées. C'est seulement parce qu'un sujet n'est plus perçu comme sujet audible qu'il n'est plus vu[2]. Pis encore, c'est parce qu'un sujet n'est plus vu que comme un *autre* qu'il peut être effacé, *sans heurt*, de la commune humanité. Cet effacement est permis par la *peur* de l'autre, la peur que ses propres frontières soient défaites par les vies *autres*. La déshumanisation de l'autre est suscitée par la panique du mélange, par la hantise de la *créolisation*, qui suggère, plus qu'un partage du sensible, un empiètement du sensible des *uns* par le sensible des *autres*[3].

1. *Ibid.*, p. 21.
2. Je me permets de renvoyer, sur ce point, à mon livre *L'Invisibilité sociale*, *op. cit.*
3. Cf. Wendy Brown, *Murs*, *op. cit.*, p. 195.

Il faut alors s'interroger sur tous les récits alternatifs qui permettent, par contraste, de *narrer* les vies étrangères en levant l'interdit narratif qui engendre l'invisibilité d'une vie. Mais s'interroger sur ces récits, c'est aussi s'interroger sur le déficit de récits et d'images, c'est-à-dire sur la stéréotypisation des récits et des images par lesquels les étrangers sont relégués dans l'exotisme ou dans la vie dangereuse. Une vie qui n'est pas narrée peut-elle être tout à fait une vie ? Inversement, une vie dont le mode de narration est stéréotypé peut-elle être tout à fait une vie ? Seul un type de récit et d'image peut ajourner la déréalisation de l'Autre. Car « on peut considérer que tout commence dans l'ordre des discours, que certaines vies ne sont pas du tout considérées comme des vies, qu'elles ne peuvent pas être humanisées parce qu'elles n'entrent dans aucun des cadres dominants définissant l'humain[1] ». La violence, à l'œuvre dans l'exclusion de la vie *autre*, se trouve ici démultipliée par l'exclusion des vies hors de l'ordre *autorisé* des discours. Encore faut-il connecter cette exclusion à la peur de voir ses *propriétés intérieures* défaites par les contre-discours ou discours marginaux des *autres*. Il existe, de ce point de vue, un lien étroit entre l'affirmation d'un ordre des discours exclusifs, la déshumanisation des vies étrangères et la lutte contre la peur de la perte de soi. La relégation de l'*autre étranger* dans la déréalisation de la vie spectrale coïncide, en effet, avec l'affirmation de soi-même comme un non-étranger. L'invisibilité de la vie étrangère est alors gage de la visibilité de soi dans l'espace social et surtout du maintien de ses *qualités*.

1. Judith Butler, *Vie précaire*, *op. cit.*, p. 61.

Maintenir ses qualités, c'est supposer que *soi-même* forme un monde complet qui, le cas échéant, peut être ébranlé par le monde *autre*. Soi-même est alors amené à devenir l'étranger qu'il ne veut pas être, à entrer dans un processus de perte de son monde. Mais une telle vision suppose que la possibilité d'être en rapport avec l'autre soit envisagée négativement comme la possibilité d'être *envahi* par l'autre. Elle suppose donc une scène guerrière qui ne peut pas s'accorder avec le caractère pacifique de la créolisation. Elle désigne notre *incapacité* non seulement à nous mettre à la place de l'autre mais également à nous laisser *transformer* par l'autre de peur d'être absorbé par lui.

> Notre peur de comprendre un autre point de vue que le nôtre masque la peur plus profonde d'être absorbé par celui-ci, qu'il s'avère contagieux et que la pensée de l'ennemi présumé nous contamine d'une façon qui nous mette en péril moralement[1].

Que faut-il que *nous* soyons pour accepter d'être transformé par l'autre ? Quels *autres* devons-nous porter en nous pour que cesse de résonner en nous l'idée de frontières du soi ? Accepter d'être débordé par l'autre suppose de ménager un espace à ses *propres* autres. Comme le signale Derrida, « la capacité d'accueillir tient d'une certaine plasticité chez des personnes qui savent traiter avec elles-mêmes, qui sont plus libres et ont un bon rapport avec leur société intérieure[2] ». Inversement, « les comportements xénophobes et anti-hospitaliers peuvent s'ana-

1. *Ibid.*, p. 33.
2. Jacques Derrida, « Une hospitalité à l'infini », in Mohammed Seffahi (dir.), *Autour de Jacques Derrida. De l'hospitalité*, *op. cit.*, p. 173.

lyser comme ceux de personnes qui ont des difficultés avec l'étranger en eux[1] ». Que signifie avoir des facilités avec l'étranger en soi ? Est-ce à dire qu'une nouvelle figure de l'altérité émerge, non réductible à l'altérité issue de la désignation ?

L'étranger que *je* ne veux pas être

Les désignations qui produisent les vies étrangères ne peuvent être effacées au profit d'une scène généreuse sur laquelle il nous serait donné de vivre avec nos autres. L'étranger est toujours l'effet d'une qualité négative qu'une vie finit par incorporer en raison de sa fragilité sociale. Comment cette qualité négative pourrait-elle apparaître chez celle ou celui qui ne se vit pas comme étranger ? Sous quelles conditions soi-même peut-il devenir étranger ? Deux questions sont ici mêlées. Premièrement, ne sommes-nous pas protégés par notre désignation de l'*autre* comme étranger de la possibilité d'être soi-même étranger ? Deuxièmement, puis-je désirer rejoindre la vie désignée comme étrangère ? Ramassons ces deux questions autour de cette interrogation : soi-même comme étranger peut-il être autre chose qu'une ultime chute dans la malédiction sociale ?

C'est bien parce que nous ne nous pensons pas étrangers, sous quelque forme que ce soit, que nous nous empressons de désigner certaines vies comme étrangères et, par là, de les tenir à distance : l'étranger peut alors se manifester en sa *différence* puisqu'il n'est plus que cette

1. *Ibid.*, p. 172.

différence que *je* révèle sur son propre corps. En répétant que l'étranger n'est pas d'ici, qu'il vient d'ailleurs, nous nous affirmons d'ici et nous nous entendons sur ce qu'ici signifie par rapport à ailleurs. Où commence exactement cet ailleurs ? S'agit-il d'un ailleurs continental, d'une dérive des continents qui viendrait subitement nous menacer ? S'agit-il d'un ailleurs national, autre pays en proie, misère oblige, à l'épanchement ? S'agit-il d'une autre région, d'une autre ville ? Il existe bien des figures de l'étranger, arrimées à des frontières distinctes que mobilisent les sujets qui font valoir un *ici*. Le « nulle-part » de l'étranger ne vaut que pour le « quelque-part » de l'autochtone qui l'a désigné comme tel et l'a du même coup compté pour rien, pour quelqu'un dont précisément la part est nulle et qui de ce fait est un sans-voix. « Être sans » devient alors l'effet de ce « nulle-part » produit par un « quelque-part » qui est solidement arrimé à des certitudes de terre, de langue. Pour quelqu'un qui est d'ici, il y a toujours trop d'étrangers, toujours trop de figures de l'étranger qui viennent trouer l'« ici », le fragiliser, le déstabiliser. Car la conséquence d'une telle déstabilisation pourrait être que nous finissions nous-mêmes par nous considérer dans un rapport flottant à « ici », un rapport fait de passion mêlée plutôt que d'ostracisme solitaire. La conséquence extrême de ce processus ne serait pas la perte de l'ici mais la fin de son arrogance à vouloir bannir tous les ailleurs, au point que lui-même pourrait être acculé à se reconnaître toujours déjà ailleurs, non seulement débordé par les autres fréquences mais composant avec elles, faisant de cet entrelacs de fréquences un ensemble de voix multiples. Le point extrême de cette boucle nouvelle serait la remise en cause des frontières ici, ailleurs.

Car dans le registre de l'ailleurs, qui peut encore prétendre tracer les frontières qui séparent l'ici de l'ailleurs ? Ne se pourrait-il pas qu'au moment où je trace les frontières je sois moi-même déplacé au-delà ou en deçà d'elles ? À la question « comment ne pas être étranger ? » et aux réponses violentes qu'elle conditionne, pourquoi faudrait-il préférer se penser soi-même comme un étranger potentiel ? Parce que, malgré les désignations, ou peut-être aussi à cause des désignations, il y a tellement d'autres en nous que nous pouvons peut-être nous penser comme « une société intérieure », « un peuple » qui réserve bon accueil à ses autres, qui n'a pas nécessairement édifié des murs et des frontières pour séparer la citadelle de l'hôpital général. Si nous reconnaissons que nous ne pouvons démêler en nous la part de ce qui nous revient et la part de ce qui revient aux autres vies, si nous reconnaissons que cette distinction est indécidable, il semble alors que nous puissions nous déplacer vers d'autres vies, les accueillir à notre tour et ainsi entrer joyeusement dans des processus de créolisation, de recréation des vies par le mélange. C'est seulement à la condition que je cesse de prétendre que je ne suis pas un étranger, c'est seulement en cherchant à être l'étranger que j'ai à être, en consentant à être l'otage de tous mes hôtes intérieurs que je peux rejoindre, dans les formes pratiques de l'hospitalité, l'étrangeté d'une autre vie.

« Condition d'étranger » peut alors prendre un nouveau sens. Je nomme « condition d'étranger » l'accueil fait aux autres, à tous les autres, par-delà les désignations injurieuses. Ce qui est alors visé c'est la possibilité, sous certaines conditions, de se placer *en* condition d'étranger : non pas à la place de l'autre mais dans la place d'être avec ses autres. D'un côté il y a celles et ceux qui sont désignés comme étrangers ou qui se désignent comme tels à force d'être renvoyés à une identité négative de mauvais genre (l'Étranger) qui fait violence à la variété des cultures, des expériences, des déplacements. D'un autre côté, il demeure la possibilité de faire avec ses propres *hôtes*, d'inventer une multiplicité vécue peu soucieuse d'unité transcendante, s'écoulant dans les multiplicités des autres vies, les écoulant également dans ses propres devenirs : un change continu qui, en deçà des frontières, les rend brusquement précaires. Étranger signifie alors consentir à ses autres. Étranger ne veut plus dire *désigné étranger* à la manière du paria, ni *étranger au sort du monde* à la manière de Meursault qui n'est lié à rien et finit par apparaître totalement délié, le contraire d'un embarquement : « Aujourd'hui, maman est morte. Ou peut-être hier, je ne sais pas. J'ai reçu un télégramme de l'asile : "Mère décédée. Enterrement demain. Sentiments distingués." Cela ne veut rien dire. C'était peut-être hier[1]. »

Nulle condition de l'étranger n'intervient dans le roman de Camus car aucune position ne peut s'échanger. Meursault n'en finit pas de se retirer du monde et, pour cette raison, ne se sent pas du tout frère de celui que la structure coloniale a altérisé et qui finit par être l'étranger en son pays, l'Algérien qu'il tue accidentellement sur la plage sous le soleil de midi. Le meurtre annule tout échange et instaure la violence radicale du « quant-à-soi » en le décontaminant par avance de tout commerce avec quelqu'un d'autre. Seulement Meursault cherche-t-il à s'affirmer comme d'ici ? Rien n'est moins sûr non plus car c'est bien lui qui vient d'ailleurs (de France) et c'est également lui qui ne parvient

1. Albert Camus, incipit de *L'Étranger*.

pas à tracer dans ce paysage algérien trop vaste pour lui un cercle de l'ici. Ce qui prévaut avec Meursault, c'est l'absence de partage et par suite l'absence de condition humaine partageable sur le versant de ces deux étrangers qui s'apparaissent et ne peuvent échanger leur condition d'étranger. Meursault est étranger au monde mais ne parvient pas à être étranger dans le monde en rejoignant une autre vie, en faisant accueil à une vie que la division coloniale a rendue autre, étrangère.

C'est seulement si je désire faire une part à *mes* étrangers, si « je » suis une société d'autres que j'accueille au lieu de leur faire violence, que « je » peux accueillir d'autres vies, prendre soin d'elles en contrant les désignations injurieuses. *Condition d'étranger* se métamorphose en un appel à aller par-delà les désignations qui font de la condition un conditionnement négatif. Elle n'existe ainsi qu'en pointillé, comme la possibilité hypothétique d'une rencontre furtive entre *ses* autres et *les* autres. Quelle généalogie peut-on en faire ? Il n'est pas facile d'imaginer quelles peuvent être les voies à frayer tant il est difficile de rejoindre une *autre* vie et de concéder à ses propres *autres / hôtes*. Rejoindre l'étranger que *tu* es en donnant corps au peuple des autres que *je* suis ? Mais comment faire la part à tous ses autres ?

Il faut prendre les choses à l'endroit pour comprendre ce qu'il y a d'hypothétique dans une vie peuplée d'autres. Tant de barrières en nous nous conduisent à tracer des frontières hors de nous. Il semble que nous soyons souvent voués à nous comprendre comme de petits États avec leurs hôtes embarrassants qui ne peuvent exister qu'à la frontière. Entrer, à l'inverse, dans des rapports de composition avec ses autres, c'est sentir qu'on est plus qu'un petit État, c'est se sentir pris dans des devenirs qui sont les mouvements d'engendrement du réel. Former une société intérieure mêlée, comme le suggère Derrida, c'est peut-être estimer que la vie de soi n'est pas totalement isomorphe à la vie sociale de soi. Si le soi n'existe pas sans propriété sociale, inversement, les propriétés sociales qui forment les assises du soi sont elles-mêmes traversées par tous les autres qui vivent en soi, qu'il s'agisse de paysages, de visages, d'affects, d'idées : consentir à ses autres, c'est consentir à celles et ceux qui, parmi les hôtes, ne détruisent pas les autres hôtes, c'est veiller au maintien de *sa* société intérieure ; c'est même la faire proliférer en accueillant de nouveaux mouvements, de nouveaux hôtes plutôt qu'en plantant drapeau, poste-frontière, chiens de garde, pour mieux s'extraire de la condition même d'étranger. Dans le renoncement aux mouvements, dans le renoncement aux étrangers, à tous les autres, il y va de la certitude d'une vie identique à soi, la certitude de ne plus être soi-même étranger dans le monde, la capacité sociale d'être justifié dans les moindres recoins, étranger à l'étrangeté.

Seul l'inclus à ce point inclus qu'il en devient exclusif, seul l'inclus exclusif peut de ce fait exclure l'étranger en soi et le désigner hors de soi comme le responsable de tous ses maux en lui déniant toute existence et en lui conférant une identité négative en laquelle « étranger » finit par se confondre avec « sale étranger ». Nier *ses* étrangers, c'est toujours contribuer à les faire resurgir à l'extérieur, hors de soi, inadmissibles.

Qui ne voit cependant que cette position-là bascule en son contraire, a besoin de son contraire comme de sa preuve la plus efficace ? Là est le paradoxe de l'étranger que « je » ne veux pas être. Pour être ce « soi » d'entre les « soi », pour être dans son « quant-à-soi », je dois bien accepter de me mélanger à d'autres « soi » dont je pense, à tort ou à raison, qu'ils sont eux-mêmes dans le même « quant-à-soi ». Le « quant-à-soi » peut sous ces conditions devenir un « quant-à-nous », un « entre-nous ». N'entendons-nous pas dire qu'« entre nous » on est si bien et que cela se gâte quand ce n'est plus le cas ? Dans cet « entre-nous » se déplie, en toute vanité, une communauté dans laquelle rien ne change vraiment car rien ne doit changer et rien ne peut changer puisque rien ne s'est jamais passé entre nous. Comment le « quant-à-soi » peut-il s'y retrouver dans un « entre-nous » ? C'est là la terrible question à laquelle doit répondre celui qui veut toujours s'assurer qu'il est soi, qu'il n'est jamais traversé par de l'autre, du grand autre en position d'étranger radical ou du petit autre en position d'étrangeté relative. Car si je désire toujours me séparer de l'étranger que tu es, c'est parce que je n'aime pas l'étrangeté qui m'enveloppe et me déporte malgré moi, hors de mes sillons, en me faisant sortir de mon orbite.

Devenir l'étranger que j'ai à être signifie que je ne suis jamais pleinement l'hôte de mes autres et de tous les autres. *Je* ne peux jamais pleinement consentir à mes autres et aux autres. *Je* reste séparé d'eux par une violence sans égale, originaire, qui congédie l'autre, le détruit, ne parvient pas à le reconnaître. Soi-même comme étranger ne peut équivaloir à un constat mais reste un vœu subordonné à la possibilité de se soustraire à la violence, d'accueillir de manière pacifique tous les autres.

Étranger malgré soi

Si je ne peux être moi-même étranger qu'en faisant bon accueil aux autres, je peux finir également par me retrouver étranger malgré moi, lorsque je suis embarqué dans une expérience négative qui me soustrait à la possibilité de mener une vie ordinaire. L'intrusion de la maladie, le licenciement, la mort d'un proche ne me rendent pas seulement étranger au monde mais aussi à moi-même. C'est toute une vie qui finit par se perdre dans la perte. Quelle est la nature de cette perte ? En quoi la perte de sa santé, de son travail ou d'un proche revient-elle à une perte de soi ? Il existe, d'une part, une mélancolie de la perte. Ce qui est perdu dans la perte, c'est la possibilité de ne pas tomber dans la perte, c'est la possibilité de vivre avant la perte. Toutes les pertes ne sont pas de cette nature. Seules les pertes sans relève semblent conduire à une telle expérience de la perte irrémédiable. La perte de la santé dans la maladie chronique, la perte de toutes les propriétés sociales liées au travail et menant, par-delà la précarité, vers l'exclusion, la mort d'un proche peuvent relever d'un tel genre de perte. Elles ne sont pas toutes identiques. Perdre une vie aimée n'équivaut pas à perdre son travail ou sa santé. Lorsqu'une vie disparaît, la perte détruit toutes les assises de soi. Dans le deuil, c'est l'idée même de relève qui perd tout sens et avec elle la signification de la perte comme ne pouvant plus être comblée. Ainsi, c'est bien lorsque la perte touche un aspect majeur de la vie que la possibilité de surmonter cette perte est à la fois désirée et regrettée.

Que signifie dans le cas présent qu'une vie devient étrangère ? Pourquoi penser la perte comme ce par quoi une vie devient étrangère ? Quel rapport entre expérience de la perte et épreuve de la désignation ? D'un côté il est des pertes qui déstabilisent la vie en s'en prenant prioritairement à une allure particulière, la santé, le travail, etc. D'un autre côté, avec la perte, c'est une vie qui devient autre, d'une altérité qui n'est pas voulue par elle, qui est même violemment niée puisqu'elle met en cause la possibilité de vivre, y compris de vivre avec tous ses autres. La perte démultiplie la violence : elle est mise en cause par un autrui intrusif, la maladie par exemple, qui fait effraction et la met sens dessus dessous. Avec cet intrus, une vie se révèle en sa précarité, exposée à la possibilité d'être dénaturée. La perte n'est pas toujours liée à la venue d'un hôte indésirable. Un licenciement précipite une vie dans la perte d'une propriété sociale fondamentale mais, dans ce cas, la perte n'est redevable d'aucun intrus. C'est même l'effacement de tous les autres (collègues de travail) qui marque l'entrée de la vie sans travail. Toutes les pertes ne sont donc pas équivalentes. Tantôt elles sont révélées par l'incorporation d'un intrus non désiré : une vie loge en soi une forme de vie incompatible avec elle. Tantôt elles sont révélées par l'absence des autres qu'elles impliquent. Tantôt la perte fait intrusion, tantôt elle se révèle comme néant.

Qu'arrive-t-il à la vie ainsi prise dans la tourmente de la perte ? La rupture de tout régime de familiarité mais aussi la plongée dans l'univers des désignations injurieuses. L'événement de la perte disjoint l'avant de l'après et rend tout retour à la vie antérieure impossible. Il existe de ce point de vue une mélancolie de la perte puisque, dans le même temps, aucune vie ne peut renoncer totalement à la vie perdue. Toute vie affectée de la perte est donc placée dans un état de sidération : la vie antérieure continue à être psychiquement présente, doublant l'événement maléfique et le remettant à sa place. On peut, sur ce point, se reporter à l'analyse que Judith Butler consacre à l'article de Freud, « Deuil et mélancolie » dans *Trouble dans le genre*. Selon Judith Butler, pour Freud, « en faisant l'expérience de perdre un autre être humain que l'on a aimé, on peut dire que le moi incorpore cet autre dans la structure même du moi, reprenant à son compte les attributs de l'autre et "faisant vivre" l'autre à travers des actes magiques d'imitation[1] ».

L'expérience de l'incorporation de l'autre dans la perte me semble pouvoir être caractérisée en termes de mélancolie. Dans la perte, ce qui est perdu revient hanter le sujet sous la forme d'un autre incorporé que le sujet cherche à imiter désespérément. Il faut alors remarquer qu'en mimant la santé, le travail ou la vie aimée disparue, le malade, le chômeur ou l'aimé ne se contente pas de continuer à être en rapport avec cet autre, il en fait un thème psychique central : le moi devient dépendant de cet autre sans lequel il ne peut pas vivre et dont il est pourtant séparé par la perte. C'est en ce sens que toute perte est toujours intrusion d'un autre qui ne peut être perdu, désespérément attaché au sujet de la perte. Seulement cette convocation de l'autre en soi se fait toujours sur une scène de néant. La santé ne devient cet autre perdu par l'intrusion de la maladie que pour autant qu'elle a été anéantie par la maladie. Le travail ne devient cet autre perdu convoité par le chômeur que pour autant qu'il a été néantisé par l'intrusion du licenciement.

Soi-même comme un étranger est-il dès lors la conséquence de la perte ? Devenir étranger, est-ce *seulement*

1. Judith Butler, *Trouble dans le genre*, *op. cit.*, p. 148.

perdre ? Il est vrai que l'étranger perd sa vie antérieure en perdant son pays tout comme le malade perd sa vie antérieure en perdant la santé. Mais j'ai justement soutenu que la perte de son pays, de ses attaches, ne suffisait pas à se penser soi-même, de soi-même, comme étranger. Ne faut-il pas dès lors soutenir également que la perte de la santé, du travail ne suffit pas à faire que sa vie devienne étrangère à ses propres yeux ? Car qu'est-ce que devenir étranger en ce sens-là ? La perte est toujours précipitation dans la disqualification et la disqualification s'opère à l'occasion de la désignation injurieuse ou potentiellement injurieuse. Une chose est de perdre, autre chose est d'être précipité dans la disqualification opérée par la perte, mais il est certain que la perte est exposition à la disqualification. La perte démultiplie la vulnérabilité en la précipitant dans toute une série de disqualifications sociales. De ce fait, une vie qui perd la santé est soumise à des dépréciations en cascade. Aux yeux des autres, elle perd la qualité de normalité qui accompagne toute vie et devient une vie évaluée comme moins productive, une vie *d'à côté*, dont il faut se prémunir car elle est potentiellement dangereuse pour la prolifération de vulnérabilité qu'elle peut engendrer. Comme on l'a vu (et comme on continue à le voir) avec la pathologie du sida, la perte de la santé est démultipliée par la perte des assises sociales, des rapports d'estime et de considération. Or, ce qui contribue à ces disqualifications actives qui renforcent l'altérité de la maladie et la violence de son intrusion, c'est précisément qu'elles sont toujours en rapport avec des désignations potentiellement injurieuses. Car un malade n'est jamais désigné simplement comme un malade mais est souvent qualifié de sujet honteux. De la même manière, une vie qui perd son travail (ou qui n'en trouve pas) est souvent en butte à des désignations injurieuses qui la situent du côté de la vie parasitaire, vie en trop : les désignations de fainéant, de bon à rien, d'incapable semblent acquérir une vigueur sociale d'autant plus grande qu'elles ne peuvent aisément se déployer à propos de la vulnérabilité vitale de la maladie, en raison de la *doxa* selon laquelle n'importe qui peut tomber malade. Certes n'importe qui, également, peut perdre son travail, mais il semble que la violence de la désignation vienne offrir un rempart à la possibilité terrifiante, éprouvée par chacun comme réelle, de perdre son travail. La désignation met à distance l'événement de la perte, elle construit les frontières destinées à rendre la perte improbable. Et combien de maladies sont encore pensées aujourd'hui comme des maladies honteuses, des maladies qui *arrivent* aux vies dissolues, *pas comme les autres*. Déprécier une vie en la soumettant à une désignation injurieuse, *maladie d'homosexuel* à propos du sida[1], revient à mettre à distance la perte comme cela même qui ne peut arriver à l'instance dépréciatrice.

On comprend dès lors ce que signifie devenir étranger et comment soi-même comme étranger peut advenir. Nul ne peut devenir étranger par lui-même car c'est seulement quand l'exposition à la dualité des altérités mentionnées ci-dessus, l'altérité de l'intrus rapportée de façon conflictuelle à l'altérité de ce qui est perdu, est désignée comme altérité honteuse que soi-même peut être cet étranger qu'il n'était pas auparavant. C'est donc très exactement quand la dualité des altérités qui a fait irruption dans une vie est ramas-

1. Lire à ce propos Susan Sontag, *Le Sida et ses métaphores*, trad. de l'anglais par Brice Mathieussent, Paris, Bourgois, 2005.

sée sous une désignation que soi-même devient cet étranger. Nous ne devenons étrangers que sur fond de cette dépossession des régimes d'altérité que nous endurons.

C'est seulement sur la base de cette dépréciation produite par la désignation injurieuse qui rend une vie étrangère à elle-même que l'interrogation qui ouvrait ce chapitre peut revenir. Quel sens y a-t-il à faire bon accueil à ses autres si l'on est ainsi soumis à la désignation injurieuse qui métamorphose une vie en vie étrangère ? On peut inverser la question : si une vie parvient à faire bon accueil à ses autres, peut-être sera-t-elle moins encline à produire des jugements qui transforment une vie en vie étrangère. Être ouvert à ses autres, c'est avoir la possibilité de s'ouvrir aux autres qui peuplent les autres vies. Ces échanges entre soi et ses autres, entre soi et les autres des autres soi ne s'instituent pas par des jugements. Si la vie étrangère est donc conditionnée activement par la violence des jugements, suspendre le jugement est une façon efficace de ne pas accréditer trop rapidement le caractère étranger d'une vie. Suspendre son jugement ne signifie pas être indifférent aux autres mais, au contraire, renoncer à faire de sa vie la norme des autres vies. Le barbare est d'abord celui qui croit en la barbarie de l'autre. Dès lors, renoncer à penser l'autre comme barbare ou, de manière atténuée, comme étranger équivaut à renoncer à le penser comme autre. Les frontières qui créent les vies autres et qui font que des vies deviennent étrangères sont renforcées et même démultipliées par les frontières intérieures au-delà desquelles nous éloignons nos petits autres pour en faire des étrangers. Maltraiter sa société intérieure devient un ressort redoutable pour maltraiter toutes celles et ceux qui, dans la société, ne trouvent pas aisément de place.

Savoir si nous pouvons vivre avec nos autres et savoir si nous pouvons vivre avec les autres sont ainsi deux choses profondément dépendantes.

Étranger avec soi

Si vivre peut se comprendre comme vivre avec ses autres et si la vie s'expose dans le même temps aux désignations injurieuses qui éloignent et font l'étranger, y a-t-il quelque sens à vouloir maintenir un sens de l'étranger par-delà les désignations injurieuses ? L'injure fait entrer une vie dans une chaîne de signifiants mais l'injure révèle également qu'une vie peut se réapproprier certains signifiants. Pourquoi faudrait-il se réapproprier le terme d'étranger, par-delà les configurations négatives avec lesquelles il est associé ? Parce que « étranger » peut être autre chose qu'une désignation injurieuse, une façon de tenir à ses autres, à sa « société intérieure » mais aussi aux vies autres qui composent la société extérieure. Étranger devient une possibilité de vie ouverte par la désignation, pouvant faire l'objet de contre-désignations. Que l'on pense aux descriptions littéraires qui mettent en avant un *ethos* de l'étranger, ou même à l'apparition lumineuse de l'Étranger dans un dialogue de Platon, que l'on songe aux nobles étrangers des chansons : il existe quelques contre-narrations actives qui, de l'intérieur des désignations, ramènent dans le centre vital ce qui était tenu éloigné à la périphérie. Ces narrations sont des narrations alternatives qui excèdent les désignations stéréotypées et contribuent, de ce fait, à les contrer efficacement.

Quel rapport avons-nous avec ces narrations alternatives ? Ces narrations ne se limitent pas à glorifier l'étranger hors de nous mais nous amènent également à reconnaître la présence de l'étranger en nous. Nous pouvons d'autant plus accueillir nos autres que notre identité personnelle a été mise à mal par les narrations alternatives qui, dans la littérature, dans le cinéma, dans la chanson, etc., suggèrent que nous sommes plusieurs en nous, que la multiplicité et le disparate forment un élément non négligeable des vies ordinaires. Bergson a raison de souligner que nous sélectionnons intellectuellement les éléments qui, dans notre vie psychique, font autorité pour nous permettre d'agir dans le monde social. Il a parfaitement compris que l'émergence de ces éléments est conditionnée par l'activité de l'intelligence qui choisit parmi un ensemble de possibles. Aucune identité ne peut aisément discréditer la composition bigarrée de la vie psychique. Cette dernière équivaut bien à une multiplicité irréductible sur fond de laquelle des rôles identitaires peuvent être sélectionnés, donnant lieu à des réponses pratiques efficaces. Discréditer la multiplicité équivaut ainsi à renoncer à la vie psychique au profit d'une adhésion sans faille à la normalité sociale tenue pour univoque.

En sens contraire, accepter la multiplicité de la vie psychique, c'est être en relation avec tous ses autres ou, du moins, avec un grand nombre d'autres qui sont, dans le même temps, des fictions démultipliées par les arts. Cette analyse suggère ainsi que la condition d'étranger engendrée par la désignation injurieuse ne se réduit pas à elle car elle entre, de ce fait, dans des procédures linguistiques amples. C'est dire que l'étranger peut survivre à sa désignation. Qui peut bloquer le langage, l'immobiliser dans l'injure initiale ? Qui peut affirmer que la réponse à l'injure est annulée par l'injure ?

Soi-même comme un étranger signifie alors ceci : *je* ne suis jamais là où *je* suis désigné. La désignation qui m'atteint, parfois mortellement, m'atteint comme un être en rapport à d'autres désignations. La fiction de l'injure est contrebalancée par d'autres fictions. Si *je* ne suis pas maître et possesseur de ces autres fictions, *je* suis en relation avec elles précisément parce que *je* peux être mortellement atteint par des désignations injurieuses qui finissent par me rendre étranger à moi-même et aux autres. Il faut donc opposer à ce devenir étranger-là un autre devenir étranger où devenir étranger ne signifie pas être relégué à la frontière de la vie nationale, de la vie sociale, des corps admissibles, mais signifie plutôt être ouvert à ses autres et aux autres que soi. La condition d'étranger ne peut donc pas totalement être une condition d'injure. Elle sonne aussi, en sa modestie, comme une ouverture raisonnée à tous les autres, en soi et hors de soi.

Table

Dans la même collection (derniers titres parus)

GÜNTHER ANDERS
Hiroshima est partout

JACKIE ASSAYAG
La Mondialisation vue d'ailleurs
L'Inde désorientée

JEAN BAUBÉROT
Laïcité (1905-2005)
Entre passion et raison

FRANÇOISE BENHAMOU
Les Dérèglements de l'exception culturelle
Plaidoyer pour une perspective européenne

ABDENNOUR BIDAR
Un islam pour notre temps

NORBERTO BOBBIO
Le Futur de la démocratie

ANTONIO A. CASILLI
Les Liaisons numériques
Vers une nouvelle sociabilité ?

ROBERT CASTEL
La Montée des incertitudes
Travail, protections, statut de l'individu

CORNELIUS CASTORIADIS
Fenêtre sur le chaos

La Cité et les Lois
Ce qui fait la Grèce II

Histoire et création
Textes philosophiques inédits (1945-1967)

FRANÇOISE CHOAY
Pour une anthropologie de l'espace

Le Patrimoine en questions
Anthologie pour un combat

GENEVIÈVE DELAISI DE PARSEVAL
Famille à tout prix

MIREILLE DELMAS-MARTY
Les Forces imaginantes du droit I
Le Relatif et l'Universel

Les Forces imaginantes du droit II
Le Pluralisme ordonné

Les Forces imaginantes du droit III
La Refondation des pouvoirs

Libertés et sûreté dans un monde dangereux

VINCENT DESCOMBES
Le Raisonnement de l'ours
et autres essais de philosophie pratique

EMILIO GENTILE
Les Religions de la politique
Entre démocraties et totalitarismes

ÉRIC GEOFFROY
L'islam sera spirituel ou ne sera plus

KENNETH J. GERGEN
Construire la réalité

PIERRE GIBERT
L'Inconnue du commencement

JACQUES T. GODBOUT
Ce qui circule entre nous
Donner, recevoir, rendre

ABDELLAH HAMMOUDI
Une saison à La Mecque
Récit de pèlerinage

PHILIPPE D'IRIBARNE
L'Étrangeté française

Penser la diversité du monde

L'Épreuve des différences
L'expérience d'une entreprise mondiale

BERNARD LEMPERT
Le Tueur sur un canapé jaune

Dominique Lestel
L'Animal singulier

Mark Lilla
Le Dieu mort-né
La religion, la politique et l'Occident moderne

Gilles Lipovetsky et Jean Serroy
L'Écran global

Abdelwahab Meddeb
Contre-prêches

Sortir de la malédiction
L'islam entre civilisation et barbarie

Pari de civilisation

Fabrice Midal
Quel bouddhisme pour l'Occident ?

Olivier Mongin
La Condition urbaine
La ville à l'heure de la mondialisation

Laurent Olivier
Le Sombre Abîme du temps
Mémoire et archéologie

Mark Osiel
Juger les crimes de masse

Hamadi Redissi
Le Pacte de Nadjd
Comment l'islam sectaire est devenu l'islam

Alain Renaut
Égalité et discriminations
Un essai de philosophie politique appliquée

Myriam Revault d'Allonnes
Le Pouvoir des commencements
Essai sur l'autorité

Paul Ricœur
Vivant jusqu'à la mort
Suivi de *Fragments*

Écrits et Conférences I
Autour de la psychanalyse

Écrits et Conférences II
Herméneutique

OLIVIER ROY
La Sainte Ignorance
Le temps de la religion sans culture

OLIVER SACKS
Musicophilia
La musique, le cerveau et nous

EDWARD W. SAID
L'Orientalisme
L'Orient créé par l'Occident
(nouvelle édition)

JACQUES SÉMELIN
Purifier et détruire
Usages politiques des massacres et génocides

DANIEL SIBONY
Création
Essai sur l'art contemporain

L'Enjeu d'exister
Analyse des thérapies

ALAIN SUPIOT
Homo juridicus
Essai sur la fonction anthropologique du Droit

ALAIN TOURAINE
Après la crise

PAUL VALADIER
Détresse du politique, force du religieux

PATRICK VAUDAY
La Décolonisation du tableau
Art et politique au XIXe siècle. Delacroix, Gauguin, Monet

MARINA YAGUELLO
Les Langues imaginaires
Mythes, utopies, fantasmes, chimères et fictions linguistiques

SLAVOJ ŽIŽEK
La Marionnette et le Nain
Le christianisme entre perversion et subversion

Le Seuil s'engage pour la protection de l'environnement

Ce livre a été imprimé chez un imprimeur labellisé Imprim'Vert, marque créée en partenariat avec l'Agence de l'Eau, l'ADEME (Agence de l'Environnement et de la Maîtrise de l'Énergie) et l'UNIC (Union Nationale de l'Imprimerie et de la Communication).
La marque Imprim'Vert apporte trois garanties essentielles :

- la suppression totale de l'utilisation de produits toxiques ;
- la sécurisation des stockages de produits et de déchets dangereux ;
- la collecte et le traitement des produits dangereux.

RÉALISATION : NORD-COMPO À VILLENEUVE-D'ASCQ
IMPRESSION : NORMANDIE ROTO IMPRESSION S.A.S. À LONRAI
DÉPÔT LÉGAL : OCTOBRE 2010. N° 102884 (103508)
IMPRIMÉ EN FRANCE